# ラッセル教育の哲学と実践の探究

Bertrand Russell 1872-1970

中野桂子
*Nakano Keiko*

梓書院

## 謝辞

本書は、筑紫女学園大学令和六年度学術出版助成により刊行されたものです。
本学園大学の御高配に対して厚く御礼を申し上げます。

# 序

バートランド・ラッセル（Bertrand Russell 1872-1970）は、ケンブリッジ大学での師ホワイトヘッドと共に大著『プリンキピア・マテマティカ』（一九一〇～一九一三）を刊行した。これは、論理学及び数学基礎論の総合を為しとげたもので、アリストテレス以来の金字塔と評価されたものであった。しかも、これら論理哲学に関わる研究は、弟子ヴィトゲンシュタインの影響を受けながら、論理分析の哲学の発展に資することになった。それだけではなく、ラッセルは、哲学の全領域に関心を示し、『西洋哲学史』（一九四六）及び『西洋の知恵』（一九五九）では、ソクラテス以前の哲学から現代のマルセル、ヤスパース、サルトル、ハイデガーに至るまでの哲学を俯瞰している。ラッセル自身の哲学といえば、当初はマクタガートに倣って、ヘーゲルに従っていたが、やがてイギリスの経験論に立ったように見える。但し、これがどのような経験論であるか明言することは容易ではない。また、倫理学においては、ラッセルは当初、同僚であったムーアの善の客観主義、それは直覚によって知ることができるという意味で直覚主義と称されたが、それに同調していた。だが、サンタヤーナの批判を経て、善の主観説に至り、やがて功利主義の倫理へ移っている。但し、この功利主義の倫理がベンサムやミルのものとどう違うのかは明白ではない。これら哲学の探求のなかに、プラトンやスピノザの形而上学らしきものが時折かすかに見え隠れすることがあって、それがなおもラッセル哲学の理解を困難にしている。

かくして、ラッセルの研究者アラン・ウッドは、ラッセルの哲学を評して、それは「プラトン的対話そのもの」で、「プラトン以来、その見解を短く要約することがこれほど困難な哲学者はいない。」それは「あまりにもとらえがたく、難解で、入り組んでいる。[一]」としたのであった。そして、ついにウッドはラッセルを「情熱の懐疑家」（The Passionate Sceptic）という命名によって、ひとくくりにしたのであった。もっとも、「情熱の懐疑家」という命名は、ラッセル哲学を明瞭にするどころか、かえって、それを曖昧にしている。情熱は、ラッセルの哲学的探求の動因ではなく結果であるからである。ラッセルの動因は確かなものを求める、はてしない知的探求である。これは、世界は秩序であり、世界には確かなものが在り、それは知ることができるという確信である。そのことは、ラッセルの著書『意味と真理の探求』の最後の章に見ることができる。「われわれは、この章において、ついにある意味で、われわれの探求のすべての目標といえる結論に達した。その結論は、完全な形而上学的不可知論は言語的命題を保持することと相容れないということである。[二]」

この表明に対して、ラッセルと親友であったアインシュタインは賛意を表している。すなわち、「これらの努力を見て、私は、この書物の最後の章において、人はどうしても『形而上学』なしには前へ歩むことができないということを最終的に明らかにしていることを知って、ひときわ喜びを感じている。」そして、この書物には「行間を通じて煌めいている純粋な知的良心」があるという。[三]かく見れば、ラッセルの哲学を捉え難くしているのは真理があるとの形而上学的信念に依って、確かなものを求め、あいまいなことには決して妥協することがないという、純粋な知的良心による、といえる。従って、ラッセルの哲学は、その背後にある形而上学に支えられている。ウッドがいう「情熱の懐疑家」は、たんなる懐疑家、不可知論者ではなく、ゆるぎない形而上学的確信をもっていたのである。

ラッセルは、哲学における純粋な知的探求だけではなく社会哲学と称されるものにも関心を示していた。ロシア共産主義、マルクス主義、中国の問題などを含む政治社会思想のほかに、宗教論、教育論、結婚論、幸福論など、広汎な著作がある。これら一連の著作によって、ノーベル文学賞（一九五〇）を得ていたが、ここには、人間とその社会をいかにして善いものにするかが探求されている。周知のように、カントは『純粋理性批判』および論理学講義の『便覧』において、「一、わたしは何を知ることができるか？二、わたしは何を為すことができるか？　三、わたしは何を望むことができるか？」という問いを立てていた。(四)ラッセルの社会哲学はカントの二と三の命題に照応するものであった。それゆえ、リンデマンが、「私は、ラッセルの認識論、もしくは形而上学と彼の社会哲学との間にはいかなる必然的関連を見ることはない。」と評していたが、(五)これに対してラッセルが、「私は、リンデマン氏が社会的問題についての私の見解と論理及び認識論についての私の見解との間にいかなる必然的関連をも見出さないとしたことを喜んで受け容れる。」としたのは当然のことであった。ヒュームからヴィトゲンシュタインをはじめ、エイヤーなどの実証論理学に至るまで、知識論と価値論が分けられてきたように、ラッセルもまた系流にいたのであるから。

ラッセルは自己の社会哲学を開花させるため、生涯にわたって実践を続けてきた。第一次世界大戦では反戦運動を行い、一九一六年ケンブリッジ大学を追放され、裁判によって禁固刑（五カ月）を受け、ロシア革命の際にはレーニンと会見し、『ボルシェヴィズムの実践と理論』（一九二〇）を刊行して、その限界を指摘し、第二次世界大戦ではヒトラーを批判、ラッセル平和財団を設立した。さらに、核兵器の廃絶を求めて、「ラッセル＝アインシュタイン宣言」（一九五五）を提唱した。これは「核廃絶のための世界科学者会議」（パグウォッシュ会議）として現在に至っている。また、一九六一年（八九歳）には、イギリス国防省の前で、反核の抗議（坐りこみ）をして、夫人と共に逮捕され、禁固刑に服している。続いて、一九六七年にはサルトルを会長にしてベトナム戦争犯罪国際法廷（ラッセル法廷）を開廷している。

ルイスは、ラッセルの社会哲学及び反戦平和運動に対して、次のような評を下している。

『飢餓』の子どもたちに対するかれの憐憫は、たんなる味覚の問題であるどころか、なんども、かれが説明しているように、万人の感ずべき重要事であり、明らかにかれはそう信じている。そして、戦争、原子爆弾等々のような問題にかんして、かれは雄弁にかれとともに信じ、かれとともに行動するようにわれわれに力説する。この倫理的情熱の背後には、明らかに人道主義的な諸目的は万人にとって客観的に正しく、真理であるという確信が存在する。（六）

ラッセルにとって、世界には真理があるとの確信は、それ以上の探求が及びえない形而上学的信である。この信がラッセルにおいて真理の純粋な知的探求及び社会における善の探求と実践を促すのであった。もちろん、これら知と善の探求及び実践はラッセル個人の果てしない努力によって進められるが、ラッセルがそれを他者に求めるとき、それは教育となって現われる。したがって、かつてプラトンが学園アカデメイアを設営したように、ラッセルも児童生徒のための学校を設立したのであった。ラッセルはこの学校における教育のなかに、自己の哲学のすべてを投入し、人間の教育を実践しようとしたのである。本著書の表題が『ラッセル教育の哲学と実践の探究』とあるのは、以上のような理解に依っている。このようなラッセル研究は未だ為されたことがないので、ラッセル教育研究を深めるのみならず、現代社会の教育に何程かの光を当てることができるかと思われる[七]。

## 注

（一） A. Wood, Russell's Philosophy, In: B. Russell, My Philosophical Development, Allen & Unwin, London, 1959, pp.269-270.

（二） B. Russell, An Inquiry into Meaning and Truth, Allen & Unwin, London, 1966, p.347. 1st ed., 1940.

（三） A. Einstein, Bemerhurgen zu Bertrand Russell's Erkentnistheorie, In: P. A. Schilpp, ed., The Philosophy of Bertrand Russell, Tudor Publishing Co., New York, 1944, p.290.

（四） I・カント『純粋理性批判』（世界の大思想一〇）高峯一愚訳、河出書房、一九六五年、五〇七頁。

（五） P. A. Schilpp, ed., The Philosophy of Bertrand Russell, Tudor Publishing Co., New York, 1944, p.560.

（六）J・ルイス『バートランド・ラッセル』中尾隆司訳、ミネルヴァ書房、一九七一年、一一四頁。

（七）形而上学的信によって生成されているラッセルの知と善とその実践について探求したものは欧米にもわが国にも少ない。わずかに左記の著書があるが、それも教育の哲学とその実践が十全に統合されているとは言い難い。

高田熱美『ラッセル教育思想研究』創言社、一九八三年。

中野桂子『ラッセル教育学研究序説』中川書店、二〇一六年。

目次

# 一章

# 個人の形成

## 一　個人

ラッセルは『教育と社会秩序』（一九三二）のなかでこう語る。「まず、第一に個人は、ライプニッツのモナドのように世界を映し出さなければならない」[一]と。この個人は何を意味しているのか、これはラッセル個人の反戦平和運動とどのような関わりがあるのか、そして、個人が教育のなかで取りあげられているかぎり、それは、仏教的な覚りのようなものであるはずはなく、それは教育の射程になければならないが、いかにしてそれは形成可能であるのか。

まず、ラッセルが語る個人は、自己や自我の謂ではない。これは純粋理性ないし認識論のカテゴリーであって、様々な探求が進められていた。たとえばヒュームは、自己について「私はいまだ知覚以外の何ものも知覚していない。それゆえ、自己を作りあげているものは知覚の構成である。」としたことがある。[二]ヒュームによれば、「自己は様々な知覚の束ないし集合（a bundle or collection of different perceptions）」であった。[三]経験論の観点に立てば、それは当然の帰結であって、ラッセルがそれに異を唱えることはない。すなわち、「徹底した経験主義者であれば、誰もがヒュームに同意するにちがいないと私は考える」という。[四]もちろん、知覚の束は人間にかぎらず動物にもある。ウマやイヌ、サルなども例外ではない。とはいえ、動物に自己があるかと問えば、ヒュームはそれを是とはしないであろう。ヒュームは自己を知の対象として探求するかぎり、知覚の束が現われるのであって、そのかぎりで、自己は知覚の束としたにすぎない。それ以上のことは、ヒュームは問うことができないとしたのである。合理論に立つデカルトの命題（Cogito ergo sum）は、自己を唯一不動の考える原点としたのであったが、ラッセルによれば、そのような自己は、ただの名まえに変換される。すなわち、「わたしは名まえである」とラッセルは述べる。(五) ここでラッセルは、自己は名まえであるとすることにおいて、動物から自己を取り去り、動物と人間の違いを明らかにしたといえる。ちなみに、健忘症や認知症の人の中には自分の名まえを思い出せないことがある。そういう人は自己が何ものであるか不明になる。その限りで、自己は名まえであるということができる。正確には、名まえは人との関わりにおいて意味をもち、その関わりにおいて自己が成り立っている。したがって、世界の中で自分一人しか存在していないとすれば、名まえは不要であり、やがて崩壊することになろう。

もっとも、ラッセルが語る個人は、以上のような純粋理性の哲学が追求するレベルの者ではない。ラッセルの個人は社会哲学のレベルで語られている。人間は他の動物と同じように、分割できない固体であって、それぞれの脳に現われるのは知覚の束であるとしても、人間はそれぞれが名まえをもち、言葉によって互いに語り合うことのできる存在である。そういう存在として人間は文化を創造し、歴史を形成してきた。もちろん、これは人間一人ひとりの活動の集成である。個人はまず、このようなレベルで明らかにされる。

周知のように、プロタゴラスの命題「万物の尺度は人間である、あるものについてはあるということの、あらざるものについてはないということの、」は、人間一人ひとりの思考、判断について語ったものであった。彼によれば、真偽の判断、根拠は神でも支配者によるものでもなく、人間一人ひとりにあるのであった。これに対して、ラッセルが語る個人は、それぞれが真偽の判断の主体でありながら、なおそれを超えている。それはプロタゴラスにはない、形而上学的なものである。ラッセルの個人は、それを超えた何かと関わっている。ちなみに、阿部謹也によれば、個人の名に値する個人が現われたのは、ラテラノ公会議（一二一五年）によるものという。この会議によって、すべての成人男女が年に一回告白することが決定されたという。人びとは神の代理人である神父を前にして、自分が犯した罪の数々、心の中で思ったこと、行ったことすべてを告白しなければならないのである。したがって、告白は神に人びと一人ひとりを直結させ、自己の内面を過去・現在・未来に広げ、自分の生き方を想い描かせる。阿部謹也によれば、「そういうことが義務になって内面を自覚した結果、個人が生まれてくる」のであった。(六)この個人は、神に直接対峙して、神の求めに応答するものである。したがって、個人は他の人びと及び集団の意志、権力者の要求ではなく、自己の内面的決断、いわば良心によって行動する。各人すべてがそうであるから、すべての人びとの意志、行動が尊重されねばならないのである。これは、個人は尊厳あるものであるという意識を形成する。ちなみに、ルネサンス後期、ピコ＝デラ＝ミランドラは『人間の尊厳』（De hominis dignitate, 1486）を著したが、これは人間一人ひとり、個人の尊厳を説くものであった。人間一人ひとりの尊厳は、他者に対しては当人の権利となって現われる。この権利は、すべての人びとに日々の判断や決断の表明、行動の自由のみならず信教、言論、学問、住居移転、職業選択、婚姻の自由などがあることを自明とする。したがって、人間の尊厳、権利、自由と平等は不可侵の系を為している。もちろん、ラッセルが語る個人がルネサンスに生成した個人との水脈に在ることはいうまでもない。但し、ラッセルの個人はキリスト教の神ではなく、「ライプニッツのモナド」と称されるように、形而上学的な存在に関わっている。

ラッセルは、「まず、第一に個人は、ライプニッツのモナドのように世界を映し出さなければならない。けだし、知識と理解力とは私には栄誉ある特性に思われるというほかはない」としたあと、「世界を映し出すことは十全ではない。世界は感情によって映し出されねばならない。」さらにラッセルは、これに意志を加える。「この流れ往く世界においては、人間は変化の原因たる役割を担い、自らが原因であることを意識して、意志を働かせ、力に気づくようになる。(七)」世界を映し出すことと人類の生死に関わる反戦平和運動との間には、いったい、どのような架橋があるのか。ルイスはこれを批判して、ここには「二人のバートランド・ラッセル(八)」がいる。「われわれにとって驚きであるだけではなく、また惜しむべきは、この首尾一貫性のなさである(九)」という。

ボードは、論文「ラッセルの教育哲学」(一九四四)のなかで、ラッセルを批判している。「結論としては、個人性（individuality）と市民性（citizenship）とは、ラッセル氏の思想のなかでは対立したままである。」いわば「ラッセルの論考の図式に現われている個人の精神（the individual psyche）は抽象となっている。個人は、社会のより広い生活の機能によってのみ、人間としての地位を成就する。(一〇)」ボードは、プラグマティズムの観点から、ラッセルの個人は社会との架橋がないことを指摘する。たしかに、ラッセルはこう語っている。「この点で私は人間を個人として考えている。」「われわれが描いているような完全な個人のなかにある知識や感情の要素は、本質的に社会的ではない。」「市民は、いろんなことで自分の地域のなかにあって、様々の対立する意志から妥協をもたらすことに気をもんでいる。市民が本質的に彼らの近隣の人びとに囲繞されていることに対して、個人そのものは自存的存在（self-subsistent）である。(一一)」そして、『西洋哲学史』（一九四六）のなかでデューイを批判する。「デューイ博士の哲学は、ニーチェの哲学のように個人の力の哲学ではないが、ひとつの力の哲学である。すなわち、ここで価値あると思われているのは社会の力である。(一二)」ラッセルが語っている個人は、ニーチェの個人、いわば権力の意志を有した超人の謂ではない。このことは、ラッセルがライプニッツにちなんで「モナドのように」としたことからも明らかである。

ラッセルは、二八歳のとき、『ライプニッツの哲学』（一九〇〇）を出版しているので、その哲学に精通していたはずである。そのラッセルが、「ライプニッツのモナドのように個人は世界を映し出さなければならない」としたことも批判の対象になっている。ライプニッツにとってモナドは「実体形相」にして「単一の実体(一三)」である。しかも、ライプニッツは、「モナドは、そこを通って何かが出はいりできるような窓はない(一四)」との一文を入れている。そうであれば、無数のモナドは、神によって神のなかに含まれ、そこで調和されるとしても、それぞれのモナドには何の関わりもありえないことになる。もし、ラッセルの個人がこのようなものであれば、まさに個人は社会的でないどころか、抽象的なものになる。ルイスが批評していたように「二人のラッセル」がいる。ひとりは抽象的な世界に生きるラッセル、もうひとりは反戦平和運動に生きる情熱のラッセルである。

当然、ラッセルは『西洋哲学史』のなかで、ライプニッツの「窓はない」という箇所を取りあげている。「もし、それぞれのモナドが決して相互に作用し合わないとすれば、それぞれはどのようにしてほかのモナドがあることを知るであろうか、宇宙を映しているかに見えることは、たんなる夢であるかもしれない」(一五) ラッセルは、「モナドは窓がない (windowless) とは見なされえない」(一六) という。したがって、「モナドには、そこを通って何かが出はいりできるような窓はない」というのは、モナドが相互に干渉しない単一体ということではなく、相互に他を干渉しない独立した存在であるとの謂である。もちろん、ラッセルは、ライプニッツの論理的手法を評価しているが、その哲学に同意してはいない。「ライプニッツのモナド」のようにとしたのは、「個人」を象徴するひとつのたとえである。ただモナドを例えに出したとしても、例えにしたからラッセルの個人はモナドと何の関わりもないということではない。それは、ライプニッツの形而上学にある神とモナドとの構図である。それは、超越的な存在に対峙し、それに向かう個人である。したがってこの個人は、「自存的存在」であって他者に依存しない。ラッセルは、『教育論』(一九二六) でこう語っている。「われわれの目的はわれわれ自体の目的であって、外的権威によるものであってはならない。また、われわれの目的は決して他人に無理におしつけるべきではない。だれも命令するべきではなく、だれも服従するべきではないというとき、私が意味しているのはこのことである。」(一七)

パークが「ラッセルは、個人主義の発展ほどには協調の発展を強調してはいない」(一八) と語っていたが、強調どころかラッセルには社会、市民、集団といったものが看過されているように見える。ラッセルは、

『権威と個人』（一九四九）においても語る。「人びとは、政治、経済および社会組織一般が、目的ではなく手段の領域にあることを忘れがちである。……究極的価値は全体ではなく個人の中に求められねばならない。善い社会はそれを構成する各人の善い生活のための手段であり、それ自体において独立した価値をもつものではない。……」(一九) ラッセルにおいて、自存的存在かつ究極的な価値である個人は、教育において子どもが向かうべき目標であった。それは、ライプニッツのモナドのように世界を映し出すことであった。ラッセルが子どもに対して期待していたことが、次のようなことからうかがうことができる。すなわち、「つねに真実を語ることは、偽善にみちた社会ではひとつのハンディキャップである。」しかし、「私は、自分の子どもたちがその恩恵と言葉において誠実であることを望む。たとえそれが世俗的な不幸をまねくとしても、それは富や名声よりももっと大切なものだからである。」(二〇) これによれば、個人の教育は子どもに対する敬意をもって、その自由な活動を育むことによって可能となる。ちなみに、ラッセルが開設して自ら教育に当たったビーコン・ヒル・スクールの園児・学童であった娘のテートは、こう語っていた。「父はいつも、子供たちを尊敬をもって、対等の人間として扱い、大ていの人ならその扱い方は、彼らにはまだ若すぎると思うような、おとなの楽しみを提供した。若者を堕落させるどころか、これは彼らを喜ばせて、父が彼らに期待していた責任ある行動にみちびいた。」(二一) 続いてラッセルは語る。「もし、自由教育がこれを促進するのであれば、親たちは、子どもたちのために自由教育がまきこむであろう一時的な苦痛にひるむべきではない」(二二)。消極ないし自由教育であれ、積極ないし統制的教育であれ、ラッセルにとっては個人が重要である。この個人は世俗的な社会や国家に屹立し、毅然として、それに義を唱えるものである。ラッセルが、社会や協調を看過しているように見えるのはこのためである。しかし、ラッセルの個人は、社会の世俗に対して真実を語り、義を立てるものであって、社会がラッセルの眼中にないわけではない。むしろ、ラッセルはデューイと違ったかたちで社会に関わっている。パークは、それを「教育の誤りに対するラッセルの警告」と解する。すなわち、「教育は倫理的な人間をつくるべきである」というのがその真意であり、ラッセルは教育のなかに「偉大なビジョン(vision)[一三]」をもたらしたという。

## 二　非個人的自己拡大

反戦平和、核兵器廃絶運動に見られる倫理的情熱は、教育にも現われている。それは、いずれも個人はライプニッツのモナドのように世界を映し出さねばならないという倫理的命題と関わっている。ただし、この世界はライプニッツの世界ではない。たしかに、ラッセルは「わたしとしては、彼の単子論のもっとも優れた点は、彼がいう二種類の空間という考え方にあると思う[一四]」として、ある観点でライプニッツを評価してはいたが、無限個数のモナドを調和する神の妥当性を認めてはいない。ラッセルの個人はモナドでもなく、それが映し出す世界は、ライプニッツがいう神による調和の世界ではない。

ラッセルの師であったホワイトヘッドは、スピノザとライプニッツについてこう語っている。「この二人は、科学が関係しているかぎり、彼らの哲学的影響についていえば、どちらもかなり孤立している。あたかも彼らは、スピノザは思想の古いかたちにもどることによって、またライプニッツはモナドという新奇なものによって、安穏な哲学の圏外にある地辺へさまよいでたかのようである。[二五]」ラッセルは、この二人がデカルトの力学的世界観を脱して、ひとつの形而上学的世界に達していることを評価する。そして、ラッセルはライプニッツではなくスピノザに共鳴して語る。「スピノザの形而上学は『論理的一元論』と呼んでいいものの、最上の見本である。」ただし、「この形而上学の全体を受け容れることは不可能である。[二六]」だが、「それでも、スピノザの倫理学にふれると、その形而上学的基礎が拒否されたとしても、すべてではないが、何かが受け容れられると、われわれ、――少なくとも私は感じる。[二七]」スピノザのその何かは永遠ということである。ラッセルは語る。

スピノザ、自分自身の知恵に従ってひたすら生きてきた最高の賢者のひとりが、人びとに忠告して過ぎ往くものを永遠の相の下に見よ（view passing events 'under the aspect of eternity'）といったことを……思い起こすべきである。

幼児は時間に、子どもは一日に、活動的な人は一年に生き、歴史に関わった者は一時代に生きる。スピノザは、一時、一日、一年、あるいは一時代ではなく、永遠に生きることをわれわれに求めている。[二八]

さらにラッセルは語る。

この永遠の世界にふれること（contact with this eternal world）は、……われわれにつかのまの生命がもつ闘争や明らかな誤ちによっても完全には破壊されない力と根本的な平安をもたらすのである。スピノザが神の知的な愛と呼んだものは、永遠であるものの幸福な冥想（contemplation）である。(二九)

このスピノザは『倫理学』のなかで語る。「神、すなわち神のあらゆる属性は、永遠である。」(三〇)そして、この著書の末尾で次のように語る。

いやしくも賢者であるかぎり、殆ど心を乱されることなく、自己・神の事物については、ある永遠の必然性にしたがって意識をもっている。また彼は、断じて存在することをやめず、つねに、精神の真の満足を保っている。さて、ここに達する道は、以上に示されたごとく、きわめて険相な道だとは思われるが、しかし、すでに見出されているのだ。もちろん、まれにしか見出されないものは、困難なものであるにちがいない。なぜといって、もし幸福がいとも容易に達せられるものであり、たいした労苦もなしに見つかるものだとしたら、ほとんどの人間から、それが閑却されていることはどうしたことか。ところが、実際には、およそ崇高なものほど、困難なものであり、かつまれなものでもあるのだ[三一]。

ブラックウェルは『バートランド・ラッセルのスピノザ的倫理』のなかで、「ラッセルが激しく求めてやまなかったことは、人間生活を耐えさせる哲学を発見することであった。彼はこの努力をスピノザの基本的な倫理概念と結びつけていた[三二]」と語っていたが、そうして辿りついたのがスピノザの永遠である。したがって、ラッセルが語る個人は、この永遠の世界を映すのではなく、それにふれ（contact with）、幸福な冥想の境位に至っているものの謂になる。かく見ると、ラッセルは教育のなかに途方もない課題をもたらしたことになる。では、永遠は現実の教育に関わることができるか。まず、ここで問われるのは永遠ということである。

スピノザは「神をのぞいて他には、いかなる実体も存在しえないし、また、考えられもしない[三三]」と語った。スピノザにとって神は実体であるから、自然・宇宙も神である。したがって、自然・宇宙即神である。これは、シェーラーが語っていたように「無宇宙論的汎神論[三四]」である。それゆえここには実体の属性である時間はない。無限の時間というものさえもない。無限の時間とは時間の無限の持続のことである。このことについてスピノザはこう語った。

> 一般人の偏見に注意してみると、彼らが自己の精神の永遠性についてたしかな意味をもっていることは分かる。しかし彼らは、永遠性を持続と混同し、表象または記憶の永遠性を賦与してし

まい、表象または記憶は死後もそのまま残るのだというようなことを信じるようになっているのである。[三五]

そして、ラッセルはスピノザを解して次のように語る。「生起するもののすべては、神がかく見ているように、永遠の無時間的世界の一部である[三六]」と。しかし、「無時間的世界の一部」というのは矛盾であろう。無時間ということであれば宇宙そのものは存在しえないはずであって、「一部」という表現さえもありえないことである。ラッセルも、「スピノザが依拠している実体の概念は、現在では科学も哲学も受け容れることができない[三七]」という。であれば、「永遠の無時間的世界」は、言語の及び難い形而上学の気圏に関わっている。このことについて、井筒俊彦は、「形而上学は『コトバ以前』に窮極する。」「だが、そうは言っても、言語を完全に放棄してしまうわけにもいかない。言語を超え、言語の能力を否定するためにさえ、言語を使わなくてはならない。[三八]」人間の意味志向的意識は、それをやめることができない。路上の石ころにさえ、人は「沈黙」という深玄な意味を与えることさえある。

ラッセルが「無時間的世界」を語ったとき、彼はすでに形而上学的世界に入っている。スピノザにとって、したがってラッセルにおいても、無時間は永遠ということである。この無時間と永遠について、ラッセルの弟子であったヴィトゲンシュタインはこう語っていた。「もし、永遠が無限の時間ではなく、無時間であると解されるなら、永遠は現在に生きるものにある。[三九]」「現在に生きるもの」とは、ただ、生きているだけということではあるまい。ラッセルは『神秘主義と論理』（一九一七）において語る。「世界をありのままに見、実際的な欲望の専制を思惟（thought）において超えようと望む者は、ひとつの包括的視野のなかで時間の全体的流れを見わたすことを学ばねばならない[四〇]」と。「時間の全体的流れ」は、分割できないひとつの全体である。われわれが時間を意識し、時間が重要であるとするのは、実際的な欲望の観点に立つからである。「過去と未来との間に感じられる質の相違は、内在的な相違ではなく、われわれに対する関係においての相違にすぎない。偏見なく思索（impartial contemplation）をすれば、この相違は消えてなくなる。[四一]」かくして、現在を生きる者には時間はない。彼は時間そのもの、すなわち現在であるからである。これは、あたかも覚りに至った者が覚りを意識しないことと同じであろう。けだし、覚りに至った者はすでに覚りに同化しているのであるから。

スピノザの神は永遠であるが、人格神ではない。アインシュタインは、「真の問題は物理学がある種の形而上学であるということです[四二]」と語ったが、これはスピノザの形而上学である。「私はすべての存在の調和に顕現するスピノザの神を信じ、人間の運命や行為に関与する神を信じない[四三]」という。それゆえ、スピノザの形而上学を支えとして、宇宙の探求が進められたのであろう。このアインシュタインは、「バートランド・ラッセルの知識の理論に関する所見」（一九四四）と題する論文のなかで、ラッセルの『意味と真理の探求』（一九四〇）をとりあげ、「これらの努力を見て、私は、この著書の最後の章において、これが人は結局『形而上学』なしには前へ進むことができないということを最終的に明らかにしていることを知って、ひときわ喜びを感じている[四四]」と語っていた。この形而上学は、ラッセルにおいてはスピノザのそれである。この形而上学が語る神は永遠の調和、統一、秩序であって、ここには時間も空間も実在しない。それを超えた現在そのものとしての永遠があるのみである。

ラッセルが語る個人は、永遠の相の下に生きる者のことである。だが、スピノザの神は永遠であるが人格神ではないので、人間にそれを求めよと呼びかけてはこない。であれば、人間の方からそれを求めることになるが、これはいかにして可能であるか。キリスト教の神と人間との間には絶対の隔離があるが、それでも神の恩寵による救いが人間にはある。だが、スピノザの神は人間に対峙しない。それゆえ、「神はだれも愛せず、だれも憎まない。」(四五)「神は、無限な知的愛をもって自分自身を愛する」(四六)という。よって、人間そのものが神の眼中にはない。このことは、スピノザにとって当然の帰結であった。スピノザによれば、「神をのぞいて他には、いかなる実体も存在しえないし、また、考えられもしない」のであって、「自然のうちにはただ一つの実体はなく、そして、それは絶対に無限である、ということが、きわめて明確に結論される」(四七)のであった。これは、神即実体・自然の謂であって、人間も自然であるかぎり神は人間でもある。したがって、神が自己自身を愛するとは、人間が自己自身を愛するということと同義である。アインシュタインが、「人間の運命や行為に関与する神を信じない」としたのは、スピノザの神が何であるかを語っている。神は実体であり、人間もそうであるかぎり、神と人間との対話的関係はありえない。スピノザは語る。「ここから、自己自身を愛する神は、人間を愛しており、したがって神の人間に対する愛と、神にたいする精神の知的愛と同じものだという結論が出てくる。」(四八)ここでいう愛は、キリスト教の神の愛ではない。「無限の知的愛（an infinite intellectual love）」は、ラッセルが語るように「きわめて特殊な種類の愛である。」(四九)それは、思惟（thought）や冥想（contemplation）といったものに近い。

「けだし、スピノザは完全かつ純然たる汎神論に導かれているからである。」[五〇]

ラッセルは、「スピノザの形而上学的体系はパルメニデスによって始められたタイプの体系である」[五一]というが、さらに、ここには仏教的世界に近いものがある。スピノザによれば、「絶対に無限な実体は、分割されない」[五二]のであって、これに依って立つならば、すべての実体は等しく価値あるものとなる。ラッセルもまた、世界をそのように見て、『社会再建の諸原理』(一九一六)のなかで、自身の形而上学を語る。

生きているもののすべてに、しかもとりわけ人間に、そしてそのなかでも子どもに、神聖な、名状しがたい、無限の何ものか、独自かつ不可思議な高貴あるもの、生命の成長原理、世界の黙々たる努力が具体化された断片というものを感じる。[五三]

ラッセルにおいて、人間は世界の黙々たる努力が具体化された断片であるということが、永遠の相の下において過ぎ往くものを見ることの根拠である。これは、世界が求めていることではなく、世界である人間それ自体から現われるものである。ラッセルは、『哲学の諸問題』(一九一二)のなかで、このことについてこう語る。「自己(Self)は、自己の成長を望んでいるのであり、自己はそれが可能であることを知っている。」[五四]自己の成長は「自己の拡大(an enlargement of the Self)」[五五]であるが、それは、植物や動物の成長と違って、「非自己(the not-Self)のあらゆる方向への拡大である。」[五六]あらゆる方向は、どの方向かを特定することではなく、自己を超えることである。ラッセルが、「人間性には、努力することなしに自己を超えさせる（beyond Self）ものがたしかにある[五七]」とはその謂である。したがって、あらゆる方向とは、「非個人的で、人類を超えた」方向である。ラッセルは語る。

　生きることがすぐれて人間的であるとすれば、それはある意味で人間の生の外にあって、神、真理・美のような、非個人的で人類を超えた（impersonal and above mankind）、ある目的に奉仕されねばならない。生きることを最も豊かにする人びとは自分の目的のために生きてはいない。彼らは漸次的な顕現、われわれ人間存在の中に何か永遠的なものをもたらすこと、争いや誤ちや時間をむさぼる欲望から遠く離れた天空に、想像において生きるように見える何ものか、そういうものを目的としている。この永遠の世界にふれること（contact with this eternal world）は、それがわれわれが想像する世界であるとしても、現世の闘争やあからさまな誤ちによって完全に滅ぼされることのない強さと根本的な安らぎをもたらす。この永遠であるもの、幸福な冥想（contemplation）こそ、スピノザが神の知的愛（the intellectual love of God）と呼んだものである。ひとたび、この境地にふれた者には、これは知恵の鍵である。[五八]

　ブラックウェルは、ラッセルが語る「非自己のあらゆる方向への拡大」「非個人的で人類を超えた」目的、「自己の拡大」を総称して、「非個人的自己拡大（impersonal self-enlargement）[五九]」と呼んだことがあるが、これは正鵠を射ている。ラッセルは、この非個人的自己拡大が永遠の相の下において、それにふれて現われると語るが、それはあらゆる方向において拡大するのであったから、それをラッセルは社会に囲繞された市民に対して、個人と称したのである。換言すれば、個人は宇宙に生きる。それは教育において、「自分の子どもを宇宙の自由市民（a free citizen of the universe）とする」(六〇)ことであった。さらに、ラッセルは語る。「真の教養とは、宇宙の一員にあることであって、空間・時間のわずかの私的な断片にあるのではない。それゆえ、真の教養は、人間社会を全体として理解させ、地域社会が追求せねばならない目標を賢明に判断し、現在を過去と未来との関係の中で見つめることをたすける」(六一)と。したがって、個人は、現世の社会に対して義を唱え、真の方向は何であるかを語るものとなる。この場合、語りかけは直接とも間接ともいえる。それは、あらゆる方向から現われるからである。ラッセルは『権力』（一九三八）のなかで、こう語る。「他の誰よりも力を有した者を四人選ばねばならないとすれば、仏陀とキリストとピタゴラスとガリレオをあげるであろう。かれらは、いずれも国の援助を受けず、自分の力で、大きな成功をおさめたのである。四人のうち、存命中に大きな成功を見たものは誰もいない。」「彼らが求めた力は人びとを奴隷化するものではなく、解放するものであった。」(六二)ラッセルによれば、彼らはいまとここ、私的な時間・空間に生きる自己を超えることによって、他の人びとにも自己を超える道を示して見せたのである。

自己を超えることにおいては、ラッセルとアインシュタインの両者についてもいうことができる。両者は、核兵器廃絶を訴えることで結ばれていたが、アインシュタインの努力はスピノザの形而上学に従って宇宙における調和、すなわち統一場の理論の探求に注がれていた。他方、ラッセルは、哲学的探求にとどまらず、教育を説いて、学校、ビーコン・ヒル・スクールを開設し、自らその教育に当たった。のみならず、若い時から一貫して反戦平和運動を続けてきた。こうしたラッセルの活動について、ジャガーは「予言者や説教者に近い」(六三)とさえ語ったことがある。ラッセルもアインシュタインのいずれも、真の個人が何であるかを、身をもって語っている。だが、これが教育の目的であるとすれば、これは途方もない企てであろう。スピノザが述べていたように、「ところが、実際には、およそ崇高なものほど、困難なものであり、かつまれなものでもあるのだ」から。であれば、ラッセルの個人は社会から切り離されており、抽象的なものだとのボードの批評にも諾うことができる。だが、そうであるとしても、ラッセルが個人を教育の目的として揚げるかぎり、そこへ至る何ほどかの道はあるはずである。

## 三　個人の形成

ラッセルにおける個人は、いまとここに閉ざされている自己を超え、非個人的に自己拡大するものの謂である。ラッセルは、アインシュタインが取りあげていた『意味と真理の探求』のなかで、こう語っている。すなわち、人間は限られた特定の時間・空間を生きている「自己中心的特定体（egocentric particulars)」であって、「これ、あれ、わたし、あなた、ここ、あそこ、いま、それから、過去、現在、未来」(六四)によって統括される。だが、これは知性によって超えられるものである。それを可能にするものに科学がある。ラッセルは語る。「神は時間空間をくまなく公平にながめていると信じられているかもしれないが、物理学も時間空間をそのようにながめている。（六五）」さらに、「歴史学と地質学はわれわれを『いま』から連れ去り、天文学は『ここ』から連れ去る。（六六）」なお、これに数学が加えられる。「私が数学や科学について学んだことはきわめて有益であったばかりでなく、冥想（contemplation）と内省（reflection）の主題を与えた（六七）」という。

しかし、なぜ、科学がいまとここを超えさせ、冥想と内省を呼び起こすのか。科学は知性の働きであって、仏教の止観や只管打坐とは別のものである。ラッセルは『教育論』（一九二六）のなかでこう語っている。「……想像力によってのみ、人間はかくあるかもしれないということを知るようになる。想像力がなければ、『進歩』は機械のような、つまらぬものになる。なお、科学も想像力を喚起することができる。（六八）」これによれば、科学は想像力を喚起する。この想像力によって、非個人的自己拡大が現われる。もっとも、ラッセルは想像力が何かについて言及してはいない。かつてエイヤーは、「ラッセルは、ムーアやヴィトゲンシュタインやカルナップの後継者たちよりも、ロック、バークリー、ヒューム、ジョン・スチュアート・ミルたちの方にはるかに近い（六九）」としたことがあったが、そのなかでもヒュームに近い。このヒュームは、「記憶、感覚力、知力も、それゆえそのすべてが、想像すなわちわれわれの観念の活性を根底とする（七〇）」と語っていた。この想像力によって、われわれはいまとここから離れ、かつ超えて自己拡大に至る。したがって、これは、冥想や内省にも通じる。内省や反省は自己を離れて省みることであるからである。ここに、ヒュームは「ある離れた見方、すなわち内省（七一）」との一文を加えている。

もちろん、ラッセルは文学や芸術が非個人的自己拡大に資することを認めている。とくに「ギリシア・ラテン文学[七二]」を評価している。だが、ラッセルにとって現代社会及び教育における科学は、看過できない課題であった。ラッセルは語る。「科学は、遠方にいる人びとの生命に対する影響を非常に拡大したが、彼らに対する共感を拡大させはしなかった。[七三]」ここで、ラッセルが取りあげている科学は、「技術としての科学（science as technique）」であって、非個人的自己拡大を促す「哲学としての科学（science as philosophy）[七四]」ではない。技術としての科学は、力学的唯物論に支えられている。この科学について、ラッセルの師ホワイトヘッドは的確に表明している。

> 科学的な抽象的諸観念が大きな成功を収めたのは、一方では、空間および時間の中に、たんに位置を占める物質（matter）を産み出し、他方で、知覚し、感じ、推理するか、他に何も影響しない精神（mental）を産み出したからである。その結果、これら抽象的諸観念を事実の最も具体的な解釈として受けいれる仕事が哲学に課せられることになった。
>
> それによって近代哲学は破滅におちいった。哲学は三つの極の間で複雑な動き方をしてきた。物質と精神を同等の基盤に立つものとして受けいれる二元論者たちがあり、また精神を物質の中に置くものと物質のなかに精神を置くものとの、二種類の一元論者たちがある。しかし、この抽象的諸観念のもてあそびは一七世紀の科学的図式に帰せられる具体性の置き違え（The Fallacy of

Misplaced Concreteness）から生じた内的混乱を決して克服することはできない。（七五）

こうした具体性の置き違えを背負って、たとえば啓蒙思想が現われたのであり、コンディヤック、ヴォルテール、ダランベール、ディドロ、エルヴェシウス、ドルバックなどはそのグループであった。彼らは、いずれも反形而上学、唯物論的科学を標榜して、迷妄を打ち破り、そして宗教を粉砕するのみならず、人間の現実から意味のあるものを剥奪したのである。

ラッセルが語る非個人的自己拡大を促す科学は、啓蒙としての科学ではない。けだしラッセルは、スピノザの形而上学的気圏にふれていたのであるから、その科学は、「哲学としての科学（science as philosophy）」であった。それゆえ、この科学はスピノザがいう知性に近い。かのスピノザは「自己の感情を抑制する人間の力は、もっぱら知性にある」（七六）とした。感情を抑制する力は意志ではなく知性である。スピノザによれば、感情はある反対の感情、たとえば憎しみは愛によるのでなければ除去されえないのであったが、知性もまたそれを可能にする。憎しみや狂信といえども、知性によってそれが明晰に判明されるや否やそれは消去されるからである。そのかぎり、知性の認識作用自体も、感情にならざるをえない。それができるのは、それらの感情から離れて、それを見るからである。離れることができるのは知性の想像力による。ここで、知性はたんに感情を一義的に対象化するのではなく、それを離れ、かつ超えて、いわば永遠の相の下において見る。したがって、この知性は、啓蒙思想の知性ではない。

スピノザに倣って、ラッセルは『倫理と政治における人間社会』（一九五四）のなかで語る。「知的な確信へ働きかけることと同じように、認識によって感情へ働きかけることができる。(七七)」ラッセルによれば、哲学としての科学は「われわれの願望、趣味、そして利害が世界を理解する鍵になるとみなすことを拒否する。(七八)」したがって、「科学的な精神態度は知的願望のためにほかのあらゆる願望を一掃すること――希望、恐怖、愛や憎しみ、そして主観的な感情全体を抑制することを意味する。(七九)」ここで、ラッセルが希望や愛のような正の価値をも含めているのは、主観かつ私的な意味の場合ということであろう。これによって、われわれは、「われわれの信念を人間にとって、可能なかぎり非個人的（impersonal）(八〇)」にすることができる。これが哲学としての科学の可能性である。かくして、ラッセルは「非個人的自己拡大」について、次のように結ぶ。「この哲学的方法の実践にあたって獲得された綿密な廉直さの態度は、人間活動の全域に広がりうるのであって、それがあるところでは常に狂信的態度は減じられ、共感と相互理解の力を生むことができる。(八一)」

ラッセルは、教育における経験論と合理論、積極的教育と消極的教育、自由と統制といった対峙するもののいずれにも加担しない。彼は、そうした理解の外にいるからである。そもそも、こうしたものは徹底して探求すれば最後にはあいまいなものになって、やがて消え去るものである。形而上学的基盤がないからである。かつて、ランゲフェルドは、「幾世紀もの間、教育問題に対する人間の理論的な関心は、何にもまして大人の社会のための配慮から、よき市民やキリスト教徒の創造という観点から、決定されてきた(八二)」と語り、続けてこう述べている。すなわち「ライプニッツのような哲学者たちは、物質、植物、動物、人間をそれぞれ部分として一つの連続的統一を形成しているような整然と一貫した宇宙を考えた。

ここではもはや人間と物というデカルト的二元論は受けいれられない。そして、一つの哲学的な連続性の理論の中で、子供を」(八三)理解する、と。

このような哲学者のなかに、汎神論的形而上学を唱えたスピノザも、そして現代のホワイヘッドもラッセルも加えられる。それゆえラッセルは「生きているもののすべてに、しかもとりわけ人間に、そしてそのなかでも子どもに、神聖な、名状しがたい、無限の何ものか、独自かつ不可思議な高貴あるもの、生命の成長原理、世界の黙々たる努力が具体化された断片というものを感じる」(八四)としたのである。なお、汎神論においては、すべての生きものは等価である。「人間の利益が、動物自身の利益よりも格段に重要だとみなすに足る究極的な理由は、何一つない。動物がわれわれを滅ぼしうるよりも一段と容易に、われわれは彼らを滅ぼしうる。これがわれわれの優越性の唯一の実質的根拠である」(八五)とラッセルは語る。よって、子どもに「動物、たとえスズメバチやヘビでさえも殺しているところを見せてはならない」(八六)のである。この仏教的ともいえる汎神論的形而上学がいまとここを超えて非個人的な境位へ至る基礎である。

しかし、なお問いは残る。哲学としての科学、すなわち科学的知性が想像力を喚起し、いまとここから離れて、非個人的自己拡大を進めるとしても自己拡大というからにはすでに何ほどかの自己の芽生えないし形成がなければならないのではないか。想像力や知性は幼い子どもには見られない。空想はあるが、それは想像力ではない。好奇心はあるがそれは知性とはいい難い。アダム・スミスは、かつて共感は「立場の想像的転換(the imaginary change of situation)」(八七)によるとしたことがあったが、これは自己の立場から想像力によって超え出て、相手の立場になることである。ここでは自己が基点になっている。ちなみに、ある高次脳機能障害者は、「人間の脳には、自分の姿ややっていることを高いところから俯瞰するように見渡す機能、つまり客観視する機能があります。[八八]」ここには、「自分のことを観察する『私』[八九]」があるという。この「私」とは自我もしくは自己の謂である。なお、モレンハウアーは「自我とは、身体と心の外にあって、そこから両者を『見』、あるいは知覚し、あるいは経験することができるような位置である。」「この限りでは、厳密にいえば『私（Ich ＝自我）』は私の外にある、つまり脱中心的である。[九〇]」

「自己を超える」「自己の拡大」もまた自己によるというほかはない。少なくとも哲学としての科学が、いまとここを超えさせ、非個人的自己拡大を進めるまでには、哲学としての科学を学ぶことのできる自己が形成されていなければなるまい。だが、ラッセルは自己形成ということを語らない。自己形成もまた、哲学としての科学、すなわち科学的知性の教育と同時に進められるからである。ラッセルによれば、知性の教育は六歳以後の学童期から始められる。これは終局には個人の形成であるので、道徳の教育に資するが、本来道徳の教育は六歳までである。「道徳教育（moral education）は、子どもが六歳になるまでにほとんど完成されていなければならない[九一]」という。もし、六歳までの道徳教育がおろそかにされていたとしても、それ以後は科学的知性の教育によって克服されねばならないのである。ラッセルは語る。容易ではないとしても、「科学を教える人びとが科学の可能性を十分に理解しているならば[九二]」、それは可能である。「しなければならないことは、実践的な問題に対して科学的な態度をとるという理想を

生徒たちに示すことである。」(九三)

アラン・ウッドは、「ラッセルの教育思想は、新しい心理学者に由来する学説とかれ自身の良識とのあいだをたえず動揺していた」(九四)と評した。これは、ラッセルの教育が形而上学に支えられていることを看過したために生じた批評である。もっとも、ラッセル自身は、自己の思想が形而上学に支えられているとして一度も語ったことがないので、この批評には斟酌を加えることもできるであろうが。これに対して、パークはラッセルが語る個人は「教育の誤りに対するラッセルの警告」であるとして、「教育は倫理的な人間を形成するべきである」というのがその真意であり、それによって、ラッセルは教育のなかに「偉大なビジョン（vision）」(九五)をもたらしたと評価していた。だが、これとても十分な解釈とはい い難い。ラッセルの個人は、全宇宙を覆う形而上学に支えられており、それによってたんに教育が目標とするべき「偉大なビジョン」を示しているだけではなく、現代の教育そのものに楔を打ち込んでいる。ラッセルは、それを達成するにあたって科学的知性の意味を明らかにして、世界に蔓延する狂信と憎悪と恐怖を科学によって浄化することを説き、しかも核兵器廃絶運動を死の直前まで続け、教育においては学校、ビーコン・ヒル・スクール（一九二七）を開設し、自らその教育に当たっている。これは、いずれもラッセルが真の個人として生きたことの証左である。

## 注

（一）B. Russell, Education and the Social Order, Allen & Unwin, London, 1951, p.10. 1st ed., 1932.

（二）D. Hume, A Treatise of Human Nature, Reprinted from Original Edition in three volumes, Ed. by L. A. Selby-Bigge, M. A., Oxford, at the Clarendon Press, 1928, p.251.

（三）D. Hume, ibid, p.252.

（四）B. Russell, History of Western Philosophy, Allen & Unwin, London, 1962, p.637. 1st ed., 1946.

（五）B. Russell, Portraits from Memory and Other Essays, Allen & Unwin, London, 1956, p.137.

（六）阿部謹也『大学論』日本エディタースクール出版部、一九九九年、一九頁。

（七）B. Russell, Education and the Social Order, op. cit., p.11.

（八）J・ルイス、『バートランド・ラッセル』中尾隆司訳、ミネルヴァ書房、一九七一年、一一四頁。

（九）J・ルイス、同書、一一四頁。

（一〇）B. H. Bode, Russell's Educational Philosophy, In: B. Russell, My Philosophical Development, Allen & Unwin, London, 1959, p.639.

（一一）B. Russell, Education and the Social Order, op. cit., p.12.

（一二）B. Russell, History of Western Philosophy, Allen & Unwin, London, 1962, p.753. 1st ed., 1946.

（一三）G・W・ライプニッツ『モナドロジー』（世界の名著二五）清水富雄・竹田篤司訳、中央公論社、一九六九年、四四一頁。
（一四）G・W・ライプニッツ、同書、四三八頁。
（一五）B. Russell, History of Western Philosophy, op. cit., p.569.
（一六）B. Russell, ibid., p.578.
（一七）B. Russell, On Education, Especially in Early Childhood, Unwin Books, London, 1973, p.38.
（一八）J. Park, Bertrand Russell on Education, Allen & Unwin, London, 1964, p.133.
（一九）B. Russell, Authority and the Individual, Unwin Books, London, 1967, p.87. 1st ed., 1949.
（二〇）B. Russell, On Education, op. cit., p.91.
（二一）K・テート『最愛の人―わが父ラッセル』巻正平訳、社会思想社、一九七六年、二七四頁。
（二二）B. Russell, Education and the Social Order, op. cit., p.100.
（二三）J. Park, Bertrand Russell on Education, op. cit., p.134.
（二四）B. Russell, History of Western Philosophy, op. cit., p.576.
（二五）A. N. Whitehead, Science and the Modern World, Cambridge University Press, 1953, p.177. 1st ed., 1926.
（二六）B. Russell, History of Western Philosophy, op. cit., p.560.
（二七）B. Russell, ibid., p.560.
（二八）B. Russell, New Hopes for a Changing World, Allen & Unwin, London, 1968, p.189. 1st ed.,

1951.

(二九) B. Russell, History of Western Philosophy, op. cit., p.560.

(三〇) B・de・スピノザ『倫理学』(世界の大思想九) 高桑純夫訳、河出書房新社、一九六六年、二二七頁。

(三一) B・de・スピノザ、同書、二六二頁。

(三二) K. Blackwell, The Spinozistic Ethics of Bertrand Russell, Allen & Unwin, London, 1985, p.vii.

(三三) B・de・スピノザ、前掲書、一八頁。

(三四) M・シェーラー『シェーラー著作集一三』飯島宗亨・小倉志祥・吉沢伝三郎編、白水社、一九七七年、二七〇頁。

(三五) B・de・スピノザ、『倫理学』前掲書、二五五頁。

(三六) B. Russell, History of Western Philosophy, op. cit., p.556.

(三七) B. Russell, ibid., p.560.

(三八) 井筒俊彦『意識の形而上学』中央公論社、一九九六年、二一頁。

(三九) L. Wittgenstein, Tractatus Logico-Philosophicus, Routledge & Kegen Paul, London, 1961, 6・4311. 1st ed., 1921.

(四〇) B. Russell, Mysticism and Logic and Other Essays, Unwin Books, London, 1963, p.23. 1st ed., 1917.

（四一）B. Russell, ibid., p.23.

（四二）A. Fine, The Shaky Game, The university of Chicago Press, 1996, p.125.

（四三）A. Einstein, New York Times, 25 April, 1921, 金子務『アインシュタイン・ショック』河出書房新社、一九八一年、二〇六頁。

（四四）A. Einstein, Bemarkungen zu Bertrand Russells Erkenntnistheorie. In: P. A. Schilpp, ed., The Philosophy of Bertrand Russell, Tudor Publishing Co., New York, 1944, p.290.

（四五）B・de・スピノザ、『倫理学』前掲書、二四五頁。

（四六）B・de・スピノザ、同書、二五五頁。

（四七）B・de・スピノザ、同書、一九頁。

（四八）B・de・スピノザ、同書、二五六頁。

（四九）B. Russell, History of Western Philosophy, op. cit., p.559.

（五〇）B. Russell, ibid., p.554.

（五一）B. Russell, ibid., p.553.

（五二）B・de・スピノザ、『倫理学』前掲書、一八頁。

（五三）B. Russell, Principles of Social Reconstruction, Allen & Unwin, London, 1930, p.147. 1st ed., 1916.

（五四）B. Russell, Problem of Philosophy, Oxford University, Maruzen Company Limited, 1959, p.159. 1st ed., 1912.

（五五）B. Russell, ibid., p.158.

（五六）B. Russell, ibid., p.160.

（五七）B. Russell, On Education, op. cit., p.39.

（五八）B. Russell, Principles of Social Reconstruction, op. cit., pp.212-213.

（五九）K. Blackwell, The Spinozistic Ethics of Bertrand Russell, op. cit., p.129.

（六〇）B. Russell, On Education, op. cit., p.67.

（六一）B. Russell, Education and the Social Order, op. cit., p.87.

（六二）B. Russell, Power, Allen & Unwin, London, 1948, p.284. 1st ed., 1938.

（六三）R. Jager, The Development of Bertrand Russell, Allen & Unwin, London, 1972, p.459.

（六四）B. Russell, An Injury into Meaning and Truth, Allen & Unwin, London, 1966, p.108. 1st ed., 1940.

（六五）B. Russell, ibid., p.108.

（六六）B. Russell, Portraits from Memory and Other Essays, Allen & Unwin, London, 1956, p.166.

（六七）B. Russell, On Education, op. cit., p.20.

（六八）B. Russell, ibid., p.20.

（六九）A. J. Ayer, Bertrand Russell's Philosophy, The Viking Press, New York, 1972, p.29.

（七〇）D. Hume, A Treatise of Human Nature, op. cit., p.256.
（七一）D. Hume, ibid., p.583.
（七二）B. Russell, Mysticism and Logic and Other Essays, op. cit., p.32.
（七三）B. Russell, On Education, op. cit., p.31.
（七四）B. Russell, The Impact of Science on Society, Unwin Books, London, 1962, p.22. 1st ed., 1946.
（七五）A. N. Whitehead, Science and the Modern World, op. cit., p.70.
（七六）B・de・スピノザ、『倫理学』前掲書、二〇一頁。
（七七）B. Russell, Human Society in Ethics and Politics, Allen & Unwin, London, 1954, p.88.
（七八）B. Russell, Mysticism and Logic and Other Essays, op. cit., p.37.
（七九）B. Russell, ibid., p.38.
（八〇）B. Russell, History of Western Philosophy, op. cit., p.289.
（八一）B. Russell, ibid., p.789.
（八二）M・J・ランゲフェルド『教育の人間学的考察』和田修二訳、未来社、一九六六年、二〇頁。
（八三）M・J・ランゲフェルド、同書、二二頁。
（八四）B. Russell, Principles of Social Reconstruction, op. cit., p.147.
（八五）B・ラッセル『人生についての断章』中野好之・太田喜一郎訳、みすず書房、一九七九年、一六四頁。
（八六）B. Russell, On Education, op. cit., p.31.
（八七）A. Smith, The Theory of Moral Sentiments, The 8th London, printed for A. Strahan and T. Cadell jun. and W. Davis, in the Strand, 1797, Vol.I, p.2. 1st ed., 1759.
（八八）山田規畝子『壊れた脳も学習する』角川ソフィア文庫、二〇一一年、二三五頁。
（八九）山田規畝子『壊れた脳　生存する知』角川ソフィア文庫、二〇〇九年、三〇〇頁。
（九〇）K・モレンハウアー『忘れられた連関』今井康雄訳、みすず書房、一九八七年、三〇〜三一頁。
（九一）B. Russell, On Education, op. cit., p.56.
（九二）B. Russell, Mysticism and Logic and Other Essays, op. cit., p.32.
（九三）B. Russell, On Education, op. cit., p.153.
（九四）A・ウッド『バートランド・ラッセル―情熱の懐疑家』碧海純一訳、みすず書房、一九六三年、二四三頁。
（九五）J. Park, Bertrand Russell on Education, op. cit., p.134.

# 二章

# 知的想像力

## 一　感情と知性の架橋

ラッセルは、『西洋哲学史』（一九四六）の終章「論理分析の哲学（the philosophy of logical analysis）」の末尾で、次のように述べていた。

> さまざまに対立している独信的態度の渦中にあって、統一をもたらそうとする数少ない力の一つは、科学的誠実性（Scientific truthfulness）である。私が表明しているのは、われわれの信念を人間にとって可能なかぎり非個人的（impersonal）で、地方的、気分的偏見を取り去った観察や推論に基礎づけるという習慣である。二つの徳（virtue）を哲学に導入することを主張し、哲学を実りあるものにする強力な方法を明らかにしたのは、わたしがその一員である哲学派の主要な功績である。この哲学的方法の実践において獲得された徹底した誠実性は、人間活動の全領域に拡がりうるのであって、それがあるところではつねに、独信的情動は減ぜられ、共感と相互理解の能力（capacity of sympathy and mutual understanding）を増進させることができる。その独信的な負の何程かを放棄するとしても、哲学はある生き方を指し示し、鼓舞し続けるのである。(一)

ラッセルが説く論理分析の哲学は、数学や論理学を基本とするものであり、それは純粋理性、いわば認識論の領域にあるものである。したがって、ラッセルの科学的誠実性は知的誠実性である。この誠実性はあらゆる情動、願望、信条など、いわば「かくあるべし」とか「かくあることが望ましい」といった価値に関わる命題で表わされることすべてに知の光を当てる。それが可能なかぎり進められるとき、憶（臆）見や偏見、憎悪、妄信や独信は減殺されるというのである。もっとも、知的誠実性も願望である。ラッセルは、それを徳と称した。ラッセルはこの徳によって、人びとの共感と相互理解が生まれるとしたのである。

共感と相互理解は人間が共存するための基本である。ラッセルにとってそれを可能にするのは科学、すなわち知的誠実性であった。しかし、はたしてそういうことが可能であるのか。ラッセルには科学的誠実性を包摂しながら、なお、それを超えた何かが想定されているのではないか。また、もし、そうしたものがあるとすれば、それはどのようにして教育されうるのであるか。本章は以上のような問いに答える試みである。

ラッセルが語る狂信的態度、共感、相互理解は、本来、知性より感情の領域にある。狂信的態度は、狂おしく荒々しい怒りや恐怖の感情である。これが知性の欠如によって生じたとしても、それ自体は感情であって、これはいかなる知的説得をも拒否する。もはや聞く耳をもたないのが狂信的態度である。共感（Sympathy）は、まさに共にある（Sym）苦しみ（pathy）ということにおいて感情である。相互理解もまた、他者の気持ちないし感情が分かるということにおいて感情である。他者の感情が分かるとは、その感情を分かちもつということであって、心理分析によって客観化して、それを認知するということではない。ラッセルは、この感情の問題を科学的誠実性ないし哲学の方法で解決できると見ている。もちろん、ラッセルが「この哲学的方法」というとき、それはラッセル自身がその形成に貢献してきた論理学、厳密には論理実証主義、広義には科学哲学のことを指している。しかし、はたして、これで解決可能であるのか。

人間の基本的感情である怒り、喜び、憎悪、恐怖は感情であり、認知や思考とは違っている。ここには、あたかも音楽と数学のような違いがある。ミズンは、認知考古学の研究において音楽と言語の進化をとらえ、「この点で、言語は根本的に音楽とは違う」(二)と語っていたが、それは諾うことができる。もちろん、こうした感情と知性の対峙は、哲学にもある。かつてエイヤーは、「ラッセルはムーアやヴィトゲンシュタインやカルナップの後継者たちに対するよりも、ロック、バークリー、ヒューム、ジョン・スチュアート・ミルたちの方にはるかに近い」(三)と語っていた。とくに、ラッセルは認識論においても倫理学においてもヒュームに近い。このヒュームは、感情と知性とを対比して、「知性は感情の奴隷であり、ただそうあるべきである」(四)と述べていた。ラッセルは、ヒュームの提言に同意して、『倫理と政治における人間社会』(一九五四)において次のように語る。「願望、感情、情感といったものが行為を起こしうる唯一の原因である。理知はその原因ではなく調停するものにすぎない。」(五)ここで語られている感情と知性はただ無関係に対峙しているのではなく、目標を選択し、行為を起こす感情に従って感情に都合がよいように調停する働き、いわば目標と手段の関係になっている。感情と知性の関係は、哲学的人間学におけるような精神と衝動との関係ではない。たとえば、シェーラーによれば、精神は「待ちこがれている諸衝動の眼前に、あたかも餌のように理念と価値にふさわしい諸表象をおく」[六]のであった。シェーラーにおいては、衝動はただ精神に従って働く馬のようであり、精神が御者として衝動の行方を決めるのである。だが、ヒュームとラッセルにおいては、知性は精神の働きをもたず、馬のような力もない。知性の働きは軽い。それはただ目標を滞りなく達成するための合理や効率性の追求となる。したがって、ヒュームによれば「知性は感情を正当化することも非とすることもできない」[七]のである。

ところが、ヒュームは次のようにも語っている。「われわれが何らかの仮定の誤りあるいは手段の不十分さに気づく（perceive）やいなや、われわれの感情は反対せずにわれわれの知性に服する。[八]」仮定の誤りや手段の不十分さに気づくのは、われわれが「ある離れた見方、すなわち内省（reflexion）に基づいている」[九]からである。内省は、よくよく考えてみるということであり、それは熟考ないし熟慮である。したがって、内省には知性の働きがある。このとき知性は力をもったものになっている。それゆえ「われわれの感情は反対せずにわれわれの知性に服する」との命題が成り立つ。したがって、ここでヒュームが語る知性は理知とか理性といったものを含むが、なおそれを超えて、感情を服させる力をもったものになっている。知性は蘇生され活性化した理性というべきものに変わる。

ヒュームにおいて、内省は、いま・ここから「離れた見方」であるから、それは俯瞰することである。内省や反省は省みるということに他ならないのであり、省みるからには離れて立つことを前提とする。しかも、離れるということは、この場この時から飛翔することである。ヒュームは語る。「記憶、感覚力、そして知力も、それゆえそのすべてが、想像力すなわちわれわれの観念の活性を根底としている」[一〇]と。

かくして、知性を力あるものにするのは想像力である。ヒュームにおいてはこの想像力が感情と知性を包括し、知性を介しあるいは知性そのものとなって感情に働きかける。もっともヒュームは、想像力が何であるかについて語ってはいない。それは、ヒュームにとって「神秘的で説明することのできない何か」（一一）としか答えようがなかったのである。

全く違ったものと見られていた感情と知性との架橋は、ヒュームにおいては想像力であった。ラッセルの『社会再建の諸原理』（一九一六）においても、この想像力は教育における重要な概念であって、「直観、想像力、子どもに対する敬意」（一二）となっている。なお、ラッセルの教育にはヒューム以上にスピノザが大きな意味をもっている。このスピノザはこう語ったことがあった。「或る感情は、それに反対する感情で、しかもそれより強い感情によるのでなければ阻止されたり或いは除去されたりすることはできない」（一三）と。これによれば、憎しみは愛、悲しみは喜び、不信は信頼、怒りは和解、絶望は希望といったものによってしか、とり除くことができないということである。したがって、スピノザにおいては知性の影は薄い。ところが、ヒュームと同様に、スピノザにおいても感情と知性との地位が逆転する。「自己の感情を抑制する人間の力は、もっぱら知性にある。」（一四）「感情にたいして私たちの自由になる抵抗手段としては、感情を真に認識するというこの手段以上に有効なものがあろうとは考えられない。」（一五）なぜなら、「明晰かつ判明な概念を構成しえないような感情は、一つも存在しない」（一六）のであって、それゆえ、憎しみや狂信、恐怖といえども、知性によって、それらが明晰に判明されるや否や、それは消去される。そのかぎり、知性の認識作用自身もまた感情にならざるをえない。この認識作用は強力であって、ありふれた月並の認識作用ではない。スピノザは語る。

永遠の相のもとに認識されるものはすべて、精神が眼前にある身体の現実的存在を把握しているから認識されるのではなく、むしろ、精神が身体の本質を、永遠の相のもとに把握していればこそ認識されるのである。(一七)

したがって、感情を認識し、それを消去する知性は「永遠の相のもとに」感情を認識する。現実的存在と永遠の相とは非連続であって、それゆえ永遠の相のもとに知性は飛翔して、そこから感情を認識する。スピノザは明言してはいないが飛翔は想像するということであり、正確には、それは知性によるわけであるから、知的想像力と解すべきものである。

ラッセルはスピノザを称えて語る。

この永遠の世界にふれること（contact with this eternal world）は、――たとえこれがわれわれの想像の世界であるとしても――われわれのつかのまの生命がもつ闘争や明らかな誤ちによっても完全には破壊されえない力と根本的な平安をもたらす。スピノザが神への知的な愛と呼んだものは、この永遠であるものの幸福な冥想（contemplation）である。(一八)

永遠の世界を想像し冥想することは、憎しみやねたみや狂信を浄化する。ラッセルは、『倫理と政治における人間社会』（一九五四）のなかでこう語る。われわれの社会においても、「易しいとはいえないとしても、知的な確信へ働きかけることと同じように、論議によって感情へ働きかけることはできる。[一九]」論議を支配するものは主として知性であるが、知性の働きもまた感情になるからである。よって、『追憶の肖像』（一九五六）は語る。「非個人的（impersonal）な思惟の発展に密接に平行して非個人的な感情の発展がある。これはほとんど同じように重要であり、ひとしく哲学的な見方から導かれるべきものである。[二〇]」ラッセルにおいてこの「非個人的」とは、主観的時間空間を超えたもの、いわば私的欲望や感情を超えていることの謂である。これを可能にするものは知的探求を眼目とする哲学である。哲学は、主観的時間・空間、すなわち「いまとここ」からの飛翔を可能にする。けだし、哲学の探求は「知的想像力[二一]」であるからである。その意味で知的想像力もまた感情にならざるをえない。

## 二　科学と形而上学と哲学

ラッセルの『意味と真理の探求』（一九四〇）によれば、人間は限られた特定の時間・空間を生きているので、「自己中心的特定体（egocentric particulars）」といえる。この特定体は、「これ、あれ、わたし、あなた、ここ、あそこ、いま、それから、過去、現在、未来[二二]」という言語によって統括されるものである。ラッセルによれば、これを超えさせ、普遍へ至らしめる力は科学である。たとえば、物理学がそれである。ラッセルは語る。「神は時間空間をくまなくながめている、と信じられているかもしれないが、物理学も時間空間をそのようにながめている」[一三]と。「時間空間をくまなく公平にながめている」というのは、人間社会における時間・空間を捨象して、個人的時間・空間から新たな時間空間の世界へ知的想像力を働かせ飛翔するとの謂である。しかも、この飛翔は形而上学へ向かっている。ラッセルは、『意味と真理の探求』の最後の章で語る。「われわれは、この章において、ついにある意味でわれわれの探求のすべての目標といえる結論に達した。その結論は完全な形而上学的不可知論は言語的命題を保持することと相容れないということである。[一四]」この発言に同意したアインシュタインは、論文「バートランド・ラッセルの知識の理論に関する所見」（一九四四）において、こう語る。すなわち「これらの努力を見て私は、この著書の最後の章で、人はどうしても『形而上学』なしには前へ進むことができないということが、究極的に明らかにされていることを知って、ひときわ喜びを感じている」[一五]と。そして、アインシュタインは最後に「私はここで議を唱えることは唯一つ、行間を通じて煌いている純粋な知的良心（das schlechte intellektuelle Gewissen）である」[一六]と記す。これは、ラッセルの知的良心に対する評価である。ラッセルが「科学的誠実性」「この哲学的方法」と称する科学的哲学は、知的誠実性の謂であり、それをアインシュタインは純然たる知的良心と称したのである。良心は力である。したがって、知的良心は知的にも情的にも人間を普遍化する。

ラッセルの師であったホワイトヘッドの『科学と近代世界』（一九二六）によれば、スピノザとライプニッツ、「この二人は、科学が関係しているかぎり、彼らの哲学的影響においていえば、どちらもかなり孤立している。あたかも、スピノザは思想の古いかたちにもどることによって、またライプニッツはモナドという新奇なものによって、安穏な哲学の圏外にある辺地へさまよい出たかのようである。[二七]」そして、ラッセルはスピノザとライプニッツを評価する。それは二人がデカルト的な科学的唯物論を脱して、形而上学的世界を構想しているからである。なかでも、ラッセルはスピノザの倫理学に多くを学んでいる。このスピノザは語る。「神をのぞいて他には、いかなる実体も存在しえないし、また、考えられもしない。」（定理 一四）したがって、「すべて存在するところのものは、そのうちに存在しているのであり、神なくしては、何ものも存在しえないし、また、理解されもしない。」（定理 一五）[二八]これによれば、神は実体即自然・宇宙である。それゆえ、スピノザの形而上学は、シェーラーが述べていたように「無宇宙論的汎神論[二九]」である。したがって、「神、すなわち、神のあらゆる感情は、永遠である。」（定理 一九）[三〇]この永遠は無限ということではない。すなわち、「しかし、ここでいう神は、無限であるという意味で考えられるばあいの神ではない。[三一]」スピノザの形而上学は、キリスト教における人格神をもたず、永遠の無時間空間を根本とすることにおいて、色即是空を説く仏教的気圏に近い。

かつて、ランゲフェルドは、「幾世紀もの間、教育問題に対する人間の理論的な関心は、何にもまして大人の社会のための配慮から、市民あるいはよきキリスト教徒の創造という観点から、決定されてきた[三二]」と批判して、子どもを次のように理解すると語っていた。

……ライプニッツのような哲学者たちは、物質、植物、動物、人間をそれぞれ部分として一つの連続的統一を形成しているような整然と一貫した宇宙を考えた。ここではもはや人間と物というデカルトの二元論は受けいれられない。そして一つの哲学的な連続性の理論の中で、子供を動物でもなければ完全な人間でもないような一個の独自な存在として、哲学的に理解する……（三三）

これらの「哲学者たち」のなかにスピノザも加えることができる。このスピノザも世界を連続している統一体として理解したのであり、そのなかに子どもも動物も含まれる。これらは、神即自然であることにおいて、いずれも永遠である神の属性である。それゆえ、ラッセルが「生きているもののすべてに、しかもとりわけ人間に、そしてそのなかでも子どもに、神聖な、名状しがたい、無限の何ものか、独自かつ不可思議な高貴あるもの、生命の成長原理、世界の黙々たる努力が具体化された断片というものを感じる（三四）」としたのも諾うことができる。ここで「生きているもののすべてに」とあるので、動物もそうである。したがって、ラッセルは、「人間の利益が、動物自身の利益よりも格段に重要だとみなすに足る客観的理由は、何一つない。動物がわれわれを滅ぼしうるよりも一段と容易に、われわれは彼らを滅ぼしうる。これがわれわれの優越性の唯一の実質的根拠である（三五）」とする。それゆえ、『教育論』（一九二六）において、「子どもには生命の尊重を教えなければならない。あなたが動物、たとえスズメバチでもヘビでも殺しているところを見せてはいけない（三六）」と記されたのであった。

アインシュタインは、「真の問題は物理学がある種の形而上学であるということです（三七）」と語る。この形而上学はスピノザのそれである。すなわち、「私はすべての存在の調和に顕現するスピノザの神を信じ、人間の運命や行為に関与する神を信じない」(三八)とある。それゆえ、アインシュタインの物理学はスピノザの形而上学に鼓舞され、そこから知的想像力を得ている。これによってアインシュタインは、いまだ明らかにされていない宇宙の統一場を探求したのである。ラッセルもまた、スピノザの形而上学に支えられている。ただ、アインシュタインが知的想像力を宇宙へ飛翔させ、スピノザが示す宇宙（コスモス）を理解しようとしたのに対して、ラッセルはスピノザの宇宙へ知的想像力を飛翔し、それにふれることによって、それを人類にもたらそうとしている。これは人類の生存のための闘いとなる。ちなみに、ルイスはラッセルの闘いについて、こう語ったことがある。

戦争、原子爆弾等々のような問題に関して、かれは雄弁にかれとともに信じ、かれとともに行動するようにわれわれのすべてに力説する。この倫理的情熱の背後には明らかに人道主義的な諸目的は万人にとって客観的に正しく、真理であるという確信が存在する。(三九)

この確信は、スピノザに由来している。このことをブラックウェルは、「ラッセルが激しく求めてやまなかったことは、人間生活を耐えさせる哲学を発見することであった。彼はこの努力をスピノザの基本的な倫理概念と結びつけていた。(四〇)」と見ている。かくして、ラッセルが語る科学はスピノザの形而上学に支えられており、それによって知的想像力が飛翔し、自己中心的特定体である個人のいまとここが超えられることになる。

ラッセルの『懐疑論集』（一九二八）は語る。「科学は、それ自身の問題によって哲学に関心をもたざるをえなくなっている。このことは、とくに相対性の理論が時間と空間とを出来事の単一的空時秩序の中に消滅させたことにおいていえる。[四一]」本来、哲学の主要なテーマであった時間と空間とが物理学の領域で探求されるに及んで、哲学と物理学は古代ギリシアの自然哲学とは違った意味で結びつく。また、時間空間と同様、物質という概念は哲学の本質的課題であったが、これも量子力学の発見によって、物理学と哲学とを親近なものにした。ラッセルには現代物理学の発見が、むしろ物理学を哲学へ向かわしめているというのである。

ラッセルによれば、これら物理学の発見によって形成されている科学は、知的想像力によるものであり、しかもそれ自身が知的想像力を喚起する。ラッセルは語る。「想像力によってのみ、人間は世界がかくあるかもしれないということを知るようになる。想像力がなければ、『進歩』は機械のような、つまらぬものになる。なお、科学も想像力を喚起することができる。[四二]」もちろん、科学は物理学だけではない。「歴史学と地質学はわれわれを『いま』から連れ去り、天文学は『ここ』から連れ去る[四三]」さらに、「私が数学や科学について学んだことは極めて有益であったばかりでなく冥想（contemplation）と内省（reflection）の主題を与えた。[四四]」ともいう。ここで数学が取りあげられているが、これには論理学が加えられるであろう。歴史学や地質学及び天文学がそれぞれ時間と空間へ想像力を解き放つのに対して、数学や論理学は時間空間を超えたもの、いわば無時間空間へ想像力を飛翔させる。それゆえ、これは冥想ないし内省へ至る。スピノザの「永遠の相のもとに」とは、このような無時間空間としての冥想ないし内省の謂である。ラッセルのスピノザ解釈によれば、「生起するもののすべては、神がかく見ているように、永遠の無時間的世界の一部である。」それゆえ、「賢者は人間の有限性が許すかぎり、神が見ているままの世界を永遠の相（sub speice æternitatis）のもとに見る努力をする」(四五)。かくして、科学の知的想像力が自己中心的特定体としての個人を、いまとここから連れ去り、永遠の相のもとへ飛翔させ、ひるがえって、いまとここととを認識させる。この認識において、狂信的態度、憎悪、恐怖は明晰に判明され、浄化され、純化されるのである。

もちろん、想像力を育むものは科学だけではなく、文学や芸術にもある。ラッセルは『神秘主義と論理』（一九一七）で語る。「科学を教える人びとが科学の可能性を十分に理解しているならば、最高の精神的卓越性といえる心の習慣をつくり出す力が……ギリシア・ラテン文学と同じくらいにある。(四六)」ラッセルは、文学とりわけギリシア・ラテンの古典文学を評価している。これらもまた想像力を喚起して、われわれをいまとここから連れ去るからである。しかし、現代、唯物論的力学としての科学が巨大化して、人類の生存にまで脅威を及ぼしている状況において、それは科学そのものによって解かれねばならないというのがラッセルの真意であった。その科学が形而上学に支えられた科学である。ラッセルは語る。「科学は、遠方にいる人びとの生命に対する影響力を非常に拡大したのであるが、彼らに対する共感を拡大させはしなかった。(四七)」この巨大な威力をもつ科学は、「技術としての科学（science as technique）」であり、かつそれに対抗する科学は「哲学としての科学（science as philosophy）(四八)」である。ラッセルの場合、哲学としての科学は、デカルトではなく、スピノザの形而上学に支えられており、そうであるため、知的想像力を飛翔させ、われわれをいまとここから連れ去るのである。

## 三　想像力の極致

ラッセルは語る。「科学的な精神態度とは知る願望のためにほかのあらゆる願望を一掃すること――希望、恐怖、愛や憎しみ、そして主観的な感情全体を抑制することを意味する。」(四九) 純粋な知的探求は、主観的な感情の外にある。それだけではなく、知的想像力を喚起して、主観的感情にも及び、それを明晰に判明する。かくして、それは感情に働きかけて、感情を浄化する。狂信や憎悪や恐怖は、ただ抑制されるだけではなく、消去されることになる。それゆえ、哲学としての科学は、知的想像力を喚起する科学である。ラッセルが『西洋哲学史』において、「それがあるところでは、つねに狂信的態度は減じられ、共感と相互理解の力を生むことができる」としたのは、その謂である。

しかしながら、狂信的態度は憎悪や恐怖と等しく主観的感情であり、それは知的想像力によって消去・浄化されるとしても、共感や相互理解の力はどのようにして生まれるのか。いったい、ラッセルが語る共感や相互理解は何を意味しているのか。イギリス経験論の哲学、たとえばアダム・スミスは『道徳感情論』(一七五九)のなかで、共感について、こう語ったことがあった。

　われわれは他の人びとが何を感じているかについて直接の経験をもたないので、彼らが感動するやり方について、観念を形成することができない。それができるのは同じような立場でわれわれ自身が何を感じるかを思い浮かべるときだけである。(五〇)

すなわち、スミスは「想像力によって、われわれ自身を他人の立場」におき、「その人の感情と全く異なっていない感情を感じさえする」(五一)という。それゆえ、「人は彼の共感が基礎づけられている立場の想像的転換（the imaginary change of situation）をできるかぎり完全に行うように努力しなければならない」(五二)のである。

　スミスは、社会のなかで、一人ひとりの個人が他者の感情をくみとり、結びつく方法として、「立場の想像的転換」を語ったのである。これに対して、ラッセルの共感には、具体的な個人が想定されていない。ラッセルはこう語っている。「第一に、苦しんでいる人が特別の愛情の対象でないときにも共感することができる。第二に、苦しみが現に感じられなくとも、それが今起こっていると知るだけで共感することができる」(五三)。第二の場合の共感は、「遠方にいる人びと」で、自分と何の関係もない、見知らぬ人びとへの共感である。したがって、これは全人類への共感である。しかも、今起こっていると知るだけではなく、これからも起こりうるであろうと思われる人類の苦しみへの共感である。技術としての科学は、「遠方にいる人びとの生命」を絶滅しうるだけの力をもっているが、「この人びとに対する共感を拡大させはしなかった。」これを拡大するのは哲学としての科学である。ラッセルによれば、これは哲学としての科学が喚起する知的想像力であり、この科学が触発する「共感的想像力（sympathetic imagination）」[五四]である。そして、共感的想像力は「普遍的共感」に至る。ラッセルは『権力』（一九三八）において語る。「この普遍的共感（universal sympathy）は、知性の領域での非個人的な好奇心を、感情の領域へ移したことと同じである。[五五]」

この「普遍的共感」は、スミスがいう「立場の想像的転換」による共感ではない。「普遍的共感」はほとんど知性によるもので、これは「抽象的共感（abstract sympathy）[五六]」である。純粋に知的な探求、すなわち哲学としての科学は、たんに狂信や憎悪や恐怖を浄化するだけでない、「感情の普遍化[五七]」を進めて「普遍的共感」を生む。したがって、ここには個々の人間はいない。永遠の相のもとに見られた全人類がある。しかし、全人類は、個々の具体的人間を排除してはいない。これもまた人類であるからである。それゆえ、ラッセルは「仏陀は、たったひとりの人でも苦しんでいる人がいるかぎり、私は幸せであることはできないと説いたといわれている[五八]」として、仏陀を称える。

スピノザが語っていたように、永遠は時間の無限ということではない。ラッセルはスピノザの永遠を「無時間的世界」と解していた。ちなみに、ラッセルの弟子であったヴィトゲンシュタインは、このことを的確に語っている。すなわち、「もし、永遠が無限の時間（unendliche Zeitdauer）ではなく、無時間（Unzeitlichkeit）であると解されるなら、永遠は現在に生きる者にある。[五九]」同様に、ラッセルは語る。「過去と未来との間に感じられる質の相違は、内在的な相違ではなく、われわれに対する関係においての相違にすぎない。偏見なく思索をすれば、この相違は消えてなくなる。」(六〇)ラッセルによれば、時間は実際的な欲望によって生まれるのであって、そのために時間が重要と見られるのである。かくして、ラッセルは『変わりゆく世界のための新しい希望』(一九五一)で語る。

スピノザ、自分自身の知恵に従ってひたすら生きてきた最高の賢者のひとりが、人びとに忠告して「過ぎ往くものを永遠の相のもとに見よ」(view passing events 'under the aspect of eternity')といったことを……思い起こすべきである。(六一)

この永遠の相のもとに生きる者は現在に生きる。これは、狂信や憎悪や恐怖を浄化し、さらに全人類への共感へと拡大する。なぜなら、永遠の相のもとに過ぎ往くものを見る者にとって全人類は自己と連続していることを知るからである。それは、あたかも一つひとつの波はそれぞれ違っていても、大海の一現象であり、それが根底においてひとつであることを抱握するからである。

ラッセルのスピノザ的形而上学は、哲学としての科学をして現在に生かしめることを説く。ラッセルは『自伝』(一九六七)で語る。「私の人生を支配してきたのは、単純であるが、きわめて強い三つの情熱――愛への渇望、知の探求、そして人類の苦しみについての耐え難い思いであった。」(六二)この三つの情熱は、現在に生きる者に収斂され、実現されねばならない。かくして、ラッセルの哲学的知性は、スピノザの倫理学に支えられて、反戦・平和、核兵器廃絶の運動に具体化される。ちなみに、ラッセルは八九歳のとき、核兵器に反対して、イギリス国防省の前に坐りこみデモを行い、逮捕、禁固刑に服する。この運動は九七歳の死の直前まで続けられている。ジャガーが、このようなラッセルを評して、「予言者や説教者に近い(六三)」としたのも諾うことができる。

ラッセルが語る知的想像力は、いまとここを超えて、非個人的（impersonal）なものへ向かう働きを意味する。したがって、これは自己中心的特定体と称される個人の自己拡大である。ブラックウェルは、それを「非個人的な自己拡大（impersonal self-enlargement）(六四)」と称したが、それは的確な表現といえる。知的探求は感情にも働きかけ、非個人的な拡大を進めるのである。

ラッセルは、その哲学思想において子どもの教育を論じてきた。これは、『社会再建の諸原理』（一九一六）にも見ることができる。一九二七年には学校を設立し、自らその教育に当たっている。教育は、ラッセルにとって重要なテーマであった。もちろん、ラッセルにとって教育の究極の目標は、非個人的自己拡大であり、それは主として知性の教育によって達成されるべきものであった。したがって、知性の教育は道徳教育にも関わっている。なぜなら、知性の領域において非個人的な関心を拡大するならば、感情をも非個人的にするからである。

ラッセルによれば、「道徳教育（moral education）は、子どもが六歳になるまでにほとんど完成されていなければならない(六五)」のであった。ここでラッセルが語る道徳教育は、性格の形成の謂である。すなわち、「正しく指導されるならば、性格の形成（the building up of character）は六歳までにほとんど完成されるはずである(六六)」とされる。したがって、六歳以降は、道徳教育は必要ではないことになる。ラッセルは語る。「子どもたちが六歳になるまでに正しくとりあつかわれていれば、学校当局は純粋に知的な進歩に力点をおき、これによって、なお望ましい性格の向後の発展を生むようにするのが最もよい、と私は確信する。[六七]」したがって、「道徳的諸問題に多くの時間と考慮をついやす必要はない。求められているようなさらなる諸徳は純粋に知的な訓練（purely intellectual training）から自然に生まれるからである。[六八]」ちなみに、ラッセルは、一九二七年自ら寄宿制の学校（ビーコン・ヒル・スクール）を設立して、四歳から一二歳くらいの子どもの教育に当たったが、ここには道徳教育なるものはない。[六九] 道徳問題に関するいじめや暴力は、子どもたちが運営する学校審議会において自主、自治、民主的に解決されるようになっている。

ラッセルによれば、「大きくなってから道徳教育（moral training）が大きく必要とされるのは、小さいときにそれが放置されていたか、悪かった場合にかぎられている。[七〇]」このような子どもには、六歳以前の性格形成、すなわち道徳教育は困難であり、それはかえって抑圧となって望ましい結果を生むことはない。ラッセルはここで、道徳教育（moral education）を道徳教育（moral training）に言い代えている。大きくなってからの道徳教育は道徳訓練である。訓練は知的な活動であるので、道徳訓練は知的な活動となる。したがって、学校では、道徳的諸問題は純粋な知的な訓練によって解かれるはずのものである。この訓練の基幹となるものは、科学的知性である。かくして、ラッセルは語る。「私が言っているのは、科学的な精神を育てるべきであるということにつきる。[七一]」したがって、「しなければならないことは、実践的な問題に対して科学的な態度をとるという理想を生徒たちに示すことである。[七二]」この科学的態度は、哲学としての科学に支えられており、そうであるかぎり、知的想像力を喚起し、児童・生徒の憎しみや恐怖やねたみを清浄化し、共感に至ることができる。

ラッセルによれば、「現代の世界はもっと想像力に富んだ共感（七三）」を必要としている。「科学を教える人びとが科学の可能性を十分に理解しているならば（七四）」、すなわち「教師が科学の可能性を十分に理解しているならば（七五）」ラッセルにとって、これは容易ではないとしても教育可能なことであった。

なお、想像力に関してまだ十分でないところがある。その一つは、ラッセルにおける想像力とはそもそも何であるかの探求が十分になされなかったことである。その大きな理由は、ラッセル自身が想像力そのものについて語っていなかったためでもある。もっとも、想像力を探求した文献はほとんどない。たとえば、かのメルロ＝ポンティは「およそ〈想像する〉ということは、現前するもののうちに不在なものを出現させることであり、そこには存在していない対象に〈擬似現前・魔術的現前〉を与えることなのです。（七六）」と語っているだけである。またサルトルは、「私たちは今やある意識が想像力を振い得るために必要な本質条件を把握する。それはつまり、意識が非実在的定立作用を措定し得る力をもたねばならない、ということである。（七七）」さらに、ベルクソンは「私はそれらの状態に共感をもち、想像力を働かせて私自身をその状態に移し入れる」として、想像力は「対象の内部に入りこむ（七八）」と見ていた。ここには、それ以上、想像力についての探求はない。それは想像力は根源的なものであって、それ以上の探求は困難であったからであろう。

しかし、ラッセルにおいて想像力の探求が看過されていたのは想像力そのものよりも、想像力が向かう形而上学的世界が重要であった。ラッセルは、共感と相互理解という現実の問題を克服するために、想像力の飛翔を思索したのである。そうであるため、ラッセルは教育に触れたのである。この教育に関してはラッセルの師ホワイトヘッドにも見ることができる。すなわち、「芸術や文学は生命の主たる活力に間接的に効果を及ぼすだけではない。直接的、芸術や文学に想像力を産むのである」とホワイトヘッドは語っていた。[七九] ラッセルとホワイトヘッドの違いは前者が哲学的科学を、後者が芸術や文学によって想像力を生成しうるということである。もっとも、ラッセルは芸術や文学を軽視したことはない。これらの働きについては章を改めて探求することになる。

## 注

(一) B. Russell, History of Western Philosophy, George Allen & Unwin, London, 1962, p.789.1st ed., 1946.
(二) S・ミズン『歌うネアンデルタール』熊谷淳子訳、早川書房、二〇〇六年、三八頁。
(三) A. J. Ayer, Bertrand Russell, The Viking Press, New York, 1972, p.70.
(四) D. Hume, A Treatise of Human Nature, Reprinted from original Edition, in Three Volumes, Ed by L. A. Selby-Biggie, M. A., Oxford, at the Clarendon Press, 1928, p.415.
(五) B. Russell, Human Society in Ethics and Politics, Allen & Unwin, London, 1954, p.8.
(六) M. Scheler, Die Stellung des Menschen im Kosmos, Nymphenbunger Verlagshandlung,

München, 1949, p.62.

（七）D. Hume, A Treatise of Human Nature, op. cit., p.416.

（八）D. Hume, ibid., p.416.

（九）D. Hume, ibid., p.583.

（一〇）D. Hume, ibid., p.256.

（一一）D. Hume, ibid., p.255.

（一二）B. Russell, Principles of Social Reconstruction, Allen & Unwin, London, 1930, p.75. 1st ed., 1916.

（一三）Ｂ・ｄｅ・スピノザ『倫理学』（世界の大思想九）高桑純夫訳、河出書房新社、一九六六年、一七五頁。

（一四）Ｂ・ｄｅ・スピノザ、同書、二六一頁。

（一五）Ｂ・ｄｅ・スピノザ、同書、二三八頁。

（一六）Ｂ・ｄｅ・スピノザ、同書、二三七頁。

（一七）Ｂ・ｄｅ・スピノザ、同書、二五二頁。

（一八）B. Russell, History of Western Philosophy, op. cit., p.560.

（一九）B. Russell, Human Society in Ethics and Politics, op. cit., p.88.

（二〇）B. Russell, Portraits from Memory and Other Essays, Allen & Unwin, London, 1956, pp.167-

168.

（二一）B. Russell, ibid., p.165.

（二二）B. Russell, An Inquiry into Meaning and Truth, Allen & Unwin, London, 1966, p.108. 1st ed., 1940.

（二三）B. Russell, ibid., p.108.

（二四）B. Russell, ibid., p.347.

（二五）A. Einstein, Bemerkungen zu Bertrand Russells Erkenntnistheorie, In : P. A. Schilpp, ed., The Philosophy of Bertrand Russell, Tudor Publishing Co., New York, 1972, p.290.

（二六）A. Einstein, ibid., p.290.

（二七）A. N. Whitehead, Science and the Modern World, Cambridge University Press, 1953, p.177.1st ed., 1926.

（二八）B・de・スピノザ、前掲書、一八〜一九頁。

（二九）M・シェーラー『シェーラー著作集一三』飯島宗享・小倉志祥・吉沢伝三郎編、白水社、一九七七年、二七〇頁。

（三〇）B・de・スピノザ、前掲書、二七頁。

（三一）B・de・スピノザ、同書、二五六頁。

（三二）M・J・ランゲフェルド『教育の人間学的考察』和田修二訳、未来社、一九六六年、二〇頁。

（三三）M・J・ランゲフェルド、同書、二二二頁。

（三四）B. Russell, Principles of Social Reconstruction, op. cit., p.147.

（三五）B・ラッセル『人生についての断章』中野好之・太田喜一郎訳、みすず書房、一九七九年、一六四頁。

（三六）B. Russell, On Education, Especially in Early Childhood, Unwin Books, London, 1973, p.96. 1st ed., 1926.

（三七）A. Fine, The Shaky Game, The University of Chicago Press, 1996, p.125.

（三八）A. Einstein, New York Times, 25 April, 1921. 金子務『アインシュタイン・ショック』河出書房新社、一九八一年、二〇六頁。

（三九）J・ルイス『バートランド・ラッセル』中尾隆司訳、ミネルヴァ書房、一九七一年、一一四頁。

（四〇）K. Blackwell, The Spinozistic Ethics of Bertrand Russell, Allen & Unwin, London, 1985, p.vii.

（四一）B. Russell, Sceptical Essays, Allen & Unwin, London, 1952, p.41. 1st ed., 1928.

（四二）B. Russell, On Education, op. cit., p.20.

（四三）B. Russell, Portraits from Memory and Other Essays, op. cit., p.166.

（四四）B. Russell, On Education, op. cit., p.20.

（四五）B. Russell, History of Western Philosophy, op. cit., p.556.

（四六）B. Russell, Mysticism and Logic and Other Essays, Unwin Books, London, 1963, p.32. 1st ed., 1917.

（四七）B. Russell, On Education, op. cit., p.31.

（四八）B. Russell, The Impact of Science on Society, Unwin Books, London, 1962, p.22. 1st ed., 1946.

（四九）B. Russell, Mysticism and Logic and Other Essays, op. cit., p.38.

（五〇）A. Smith, The Theory of Moral Sentiments, The 8th, printed for A. Strahan, and T. Carell jun. and W. Davis, in the Strand, London, 1797, Vol.I, p.2. 1st ed., 1759.

（五一）A. Smith, ibid., p.3.

（五二）A. Smith, ibid., p.38.

（五三）B. Russell, On Education, op. cit., p.40.

（五四）B. Russell, Portraits from Memory and Other Essays, op. cit., p.169.

（五五）B. Russell, Power, Allen and Unwin, 1957, p.260. 1st ed., 1938.

（五六）B. Russell, On Education, op. cit., p.40.

（五七）B. Russell, Portraits from Memory and Other Essays, op. cit., p.168.

（五八）B. Russell, ibid., p.168.

（五九）L. Wittgenstein, Tractatus Logico-philosophicus, Routledge & Kegan Paul, London, 1961, 6·4311. 1st ed., 1921.

（六〇）B. Russell, Mysticism and Logic and Other Essays, op. cit., p.23.

（六一）B. Russell, New Hopes for a Changing World, Allen & Unwin, London, 1968, p.189. 1st ed., 1951.

（六二）B. Russell, The Autobiography of Bertrand Russell（1872-1914）, Allen & Unwin, London, 1967, p.13. 1st ed., 1949.

（六三）R. Jager, The Development of Bertrand Russell's Philosophy, Allen & Unwin, London, 1972, p.459.

（六四）K. Blackwell, The Spinozistic Ethics of Bertrand Russell, op. cit., p.129.

（六五）B. Russell, On Education, op. cit., p.56.

（六六）B. Russell, ibid., p.131.

（六七）B. Russell, ibid., p.131.

（六八）B. Russell, ibid., p.131.

（六九）ビーコン・ヒル・スクールについては、下記の書物を参考にしている。

B. Russell, The Autobiography of Bertrand Russell（1914-1944）, Allen & Unwin, London, 1968.

K・テート『最愛の人─わが父ラッセル』巻正平訳、社会思想社、一九七六年。

D・ラッセル『タマリスクの木─ドラ・ラッセル自叙伝』山内碧訳、リブロポート、一九八四年。

（七〇）B. Russell, On Education, op. cit., p.56.

（七一）B. Russell, ibid., p.155.

（七二）B. Russell, ibid., p.153.

（七三）B. Russell, ibid., p.32.

（七四）B. Russell, Mysticism and Logic and Other Essays, op. cit., p.32.

（七五）B. Russell, ibid., p.32.

（七六）M・メルロ＝ポンティ『眼と精神』滝浦静雄・木田元訳、みすず書房、一九六七年、三七頁。

（七七）J・P・サルトル『想像力の問題』平井啓之訳、人文書院、一九七〇年、三四九頁。

（七八）H・ベルクソン『形而上学入門』（世界の名著五三）坂田徳男訳、中央公論社、一九六九年、六五頁。

（七九）A. N. Whitehead, The Aims of Education and Other Essays, Williams & Norgate Limited, London, 1929, p.91.

# 三章

# 子ども

## 一　創造する力

ラッセルにとって子どもは生命の創造力そのものであった。子どもは自ら創造し、学ぶ力に満ちている。子どもは何かを学び、何かができるようになる存在である。それゆえ、子どもには学ぶ自由が保障されねばならない。ラッセルが語る自由は子どもの創造力の生成と不可分のものである。

子どもは自由な環境にあると、自ら学び、何かができるようになる。これは広義の力であり、子どもはその力が実現されると大いに喜ぶ。そういう力への願望は子どもには際立っている。ラッセルは『教育論（On Education）』において、力への願望は子どもの本源的特性であると見る。さらに、子どもにおいては力への願望は空想のあそびにも広がっている。この空想のあそびは、ラッセルによれば想像へと拡大されるのである。したがって、ラッセルにおいては自由と力への願望、空想のあそびは子どもの教育において基本的な要素となっている。

もっとも、創造する力、すなわち自己活動する力は、抑圧のない、自由のもとに発現されるのであるから、それが大人たちの教育の下に置かれると、何らかの制約ないし強制が加えられることになる。教育するというからには、それは避けられないことである。けだし、人類が築いてきた文化は大人たちによる広義の教育なしには学ぶことができないからである。それがなければ、かの天才であったアインシュタインでさえも、やっと一の一〇進法を発見するくらいで、生活を終えたことであろう。ラッセルは教育が子どもに必須であることを見すえたうえで、自由、力への願望、空想のあそびを取り上げたのである。

## 二　自由

### 1　自由の本源

自由ということばが耳目にふれることがある。それは、経済に関わるものに多く、たとえば自由経済、自由競争、自由貿易、新自由主義などである。かつて、教育においても自由ということばは語られていた。それは、子どもの興味、自発性や意欲、自主性を含む自由学習、自由研究、自由課題であり、さらに子どもの主体性としての子どもの自由などであった。それゆえ、自由は教育において重要な意味を有していた。だが、昨今、教育において自由が語られることは少ない。それに代わって、子どもの権利、人権、教育を受ける権利、学習権などというように人権や権利が語られるようになっている。自由も人権や権利も、それが語られるようになるのは歴史的背景があって、これらの意味もそのなかで変容しているので、これらに明確な定義を下すなどできることではない。ただ、自由と人権・権利とは、その意味において似通うところがあるが、比較すれば違いも見られる。すなわち、自由は言語のうえで自らを由とするように、行動や思考における選択の可能性に関わっている。これに対して、人権・権利は、尊厳あるとされる個人に賦与されたもので、これは子どもにおいて保障ないし保護されるものである。かく見れば、教育するということにおいては、教育における子どもの人権や権利に対して、教育における子どもの自由は、教育する者と教育される子どもとの現実的な関係のなかに現われるので、具体的な意味をもつ。

もっとも、教育における子どもの自由は、教育という規定があるとはいえ、決して明らかなものではない。この自由は、日々新たに、何ものかになっていく子どもの自由である。それゆえ、ほとんど、教育は自由とは何であるかが分からないままに、時をかけて、熱心に行われている。しかし、それだけに、教育は子どもにとって危険なものにもなりうる。子どもの自由について、看過されえない所以がここにある。

ここで、本源というとき、これには必然という意味が込められている。もっとも、この必然は、力学的唯物論における必然ではない。ラッセルは『教育論』（一九二六）のなかで、こう語ったことがある。「ミルが『自伝』のなかに書いていたことと同じように、わたしは若いころ自殺しかけたことがある。――わたしの場合、力学の法則がわたしの身体運動を統制しており、意志はたんなる幻影にすぎない、と考えたからである。（一一）」だが、ラッセルの師ホワイトヘッドによれば、力学的必然の観念は、科学的思想の一図式であって、必然と自由は、抽象的観念である。これが物質と精神、脳と自我といったものの相克を生み、抽象的観念のはてしないもてあそびとなる。ホワイトヘッドは、それを「具体性と置き違える誤謬（一二）」と断じていた。そもそも、必然とか自由とかいった概念自体もあいまいなものであって、それを追求すれば、消えてなくなるようなものである。この誤謬は、現実の人間の創造力を脳科学や進化心理学の対象に陥れる試みといえる。

すでに自殺の危機を脱していたラッセルは、『教育論』で「幼児は、その弱さのゆえに、安心感を求めている」[三]、『結婚と道徳』（一九二九）では「両親の愛情は幼児に、このあぶない世界で安心感を与え、だいたんにまわりの世界にかかわり、しらべられるようにする。」[四]さらに、『教育と社会秩序』（一九三二）においては、「冒険心と勇気はきわめて望ましい性質である。これらは基本的な安心感を背景として、もっとも容易に培われる」[五]としていた。そして、子どもの自由についてこう語る。「子どもは二つの相反する欲求、すなわち安心と自由をもっている。そのうち、後者は前者を養分として次第に大きくなる。」[六]ラッセルにおいては、冒険心や勇気も自由の現われであろう。しかも、「二つの相反する欲求」とあるが、安心と自由は欲求ということにおいて、欲求の現われであって、その点で両者は力動的関わりをもって生成している。しかも、この欲求は、すでに子どもの本源にあったものであるので、自由もまた本源的欲求である。

自由が本源的欲求であるとすれば、本源的であるという点で、これは究極の原理である。かつてミルは、「……究極目的に関する問題はふつうの意味では証明することができない」[七]としたことがあったが、本源的なものについても同様なことがいえる。これは、これ以上の探求をさえぎり、言語的表現を拒否するところがある。ヴィトゲンシュタインが『論理哲学論考』の最後の行で[八]、「語りえぬものについては、沈黙しなければならない」としたのも諾うことができる。ここには「言詮不及」なるものがある。しかしそれでも、ラッセルは言葉にならないものを言葉を使って言葉にしようとする。井筒俊彦が述べたように「だが、皮肉なことに、『沈黙』は『コトバ』へのアンチテーゼとしてのみ体験的意義を発揮するのだ。言語を否定するための『沈黙』もまた、依然として言語的意味連関の圏内の一事項にすぎない(九)」のであれば、それは可能なことである。ラッセルの想像力が自由の本源にさらなる意味を賦与する。ちなみに、ラッセルは「私は、バークリーやヒュームの業績を論理実証主義者たちよりも重視している(一〇)」としていたが、そのヒュームは、この想像力についてこう語っている。「記憶、感覚力、そして知力も、それゆえそのすべてが、想像力すなわちわれわれの観念の活気を根底とする。(一一)」ヒュームの経験論の根底に、この想像力がある。ラッセルもまた、「人間が、世界はこのようなものであろうと知るのは想像力によってのみである(一二)」と語る。かくして、ラッセルにおける自由の本源は『社会再建の諸原理』(一九一六)に見ることができる。

崇敬の念のある人は、子どもを型に入れて作ることを自分の義務と思ってはいない。彼は、生きているもののすべてに、しかもとりわけ人間に、そしてそのなかでも子どもに、神聖な、名状しがたい、無限の何ものか、独自かつ不可思議な高貴あるもの、生命の生成原理、世界の黙々たる努力が具体化された断片というものを感じる。(一三)

ラッセルは、子どもの自由の本源は世界の営為であると「感じる」という。「これは理性的な根拠からはとても弁証することはできない」[一四]のであるから「感じる」というほかはない。ただ、感じるとはいえ、これは感覚や気分において感じるというものではない。ラッセルは、それを「英知（wisdom）に近い何か」[一五]ともいう。さらに、ラッセルは人間の成長について、こう述べている。

しかも、望むことのできる十分な成長であるものは、定義することも論証することもできない。それは微妙かつ複雑であって、ただ繊細な直観によって感覚し、想像力と敬意とによっておぼろげに把握することができるだけである。[一六]

これによれば、英知は繊細な直観と想像力と敬意とによって現われるといわざるをえない。ラッセルにおいて子どもの自由の本源は、世界の営為そのものを意味する。この自由は、たんなる欲求や意志、行動の自由といったものではない。これらの自由は、あたかも根なし草のように浮遊し、変容するが、ラッセルの自由はゆるぎない世界そのものである。もっとも、ラッセルが語るような世界は新しいものではない。たとえば、ランゲフェルドはこう語ったことがあった。

一七世紀の終りと一八世紀において、まだダーウィンによって科学的な進化の観念が作り出される以前に、例えばライプニッツのような哲学者たちは、物質、植物、動物、人間をそれぞれ部分として一つの連続的統一を形成しているような整然と一貫した宇宙を考えた。ここではもはや

## 人間と物というデカルト的二元論は受けいれられない。(一七)

ここで、ライプニッツをあげるならば、スピノザもその仲間に加えられる。かつて、ホワイトヘッドは「この二人は、科学が関係しているかぎり、彼らの哲学的影響においていえば、どちらもかなり孤立している。あたかも、彼らは、スピノザは古い思想のかたちにもどることによって、またライプニッツはモナドという新奇なものによって」(一八)としていたが、それは諾うことができる。そして、これら二人にラッセルも加えられる。ラッセルにおいては生きるものすべてが、「一つの連続的統一を形成しているのである」から。ラッセルは語る。「人間の利益が、動物自体の利益よりも格段に重要だとみなすに足る客観的理由は、何ひとつない。動物がわれわれを滅ぼしうるよりも一段と容易に、われわれは彼らを滅ぼしうる。これがわれわれの優越性の唯一の実質的根拠である。」(一九)したがって、「子どもは、生命の尊重が教えられねばならない。あなたが動物、たとえばスズメバチやヘビでさえも殺しているところを見せてはいけない」(二〇)。

科学哲学の形成にも寄与したラッセルは、意外にもライプニッツやスピノザの哲学的気圏に近いところにいる。これは古い思想である。それゆえ、ラッセルが語る子どもの自由も古い。しかし、古いということは古びて、色あせたことを意味するのか。かつて、アインシュタインはラッセルと親交があり、ラッセルの著書『意味と真理の探求』に関する論文(二一)を上梓したことがあったが、彼は「私は、すべての存在の調和に顕現するスピノザの神を信じ、人間の運命や行為に関与する神を信じない」(二二)と語ったという。現代物理学を代表するアインシュタインは、スピノザに支えられて宇宙の統一場の理論を探求したにちがいない。ラッセルにおいては、子どもの自由の本源はそのようなスピノザが示したような世界に支えられていたといえる。

子どもの自由の本源が、「生命の生成原理、世界の黙々たる努力が具体化された断片」ということであれば、自由は生成原理、世界の努力の具体化であり、それは子ども自身と同義になる。すなわち、ラッセルにおいては、世界、自由、子どもは一つの連続的統一を形成している。しかも、ラッセルにとってこれは、「神聖な、名状しがたい、無限の何ものか、独自かつ不可思議な高貴あるもの」である。それゆえ子ども、あらゆる生命・自然は世界であり、それは「神聖な」「高貴あるもの」である。世界のこのような見方は、スピノザを彷彿とさせる。かのスピノザはこう述べていた。「神によって私は、絶対的に無限な有、すなわち、それの一つ一つが永遠かつ無限な本質を現わしているところの無限な諸属性を通じて確立している実体を、理解する」[二三]（エティカ、第一部六）。これによれば、一つ一つの実体が神の永遠かつ無限な本質を現わしているので、神は実体即世界、自然である。「神をのぞいて他には、いかなる実体も存在しないし、また、考えられもしない」[二四]（定理一四）からである。そして、スピノザはこう述べる。「神は、無限な知的愛をもって自己自身を愛する。」[二五]（第五部、定理三五）ここで、神は実体・自然であるから、神は人間をも愛する。すなわち、「自己自身を愛する神は、人間を愛しており、……」[二六]（定理三六　系）ということになる。もちろん、スピノザによれば「ここでいう神は、……むしろ、永遠の相のもとに見られた人間精神の本質によって説明されうるばあいの神のことである」[二七]（定理三六）。

シェーラーは、スピノザの倫理学を「無宇宙論的汎神論」[二八]と評したことがあったが、ラッセルはスピノザを称えて、こう語る。

スピノザ、自分自身の知恵に従ってひたすら生きてきた最高の賢者のひとりが、人びとに忠告して、過ぎ往くものを永遠の相の下に見よといったことを……思い起こすべきである。幼児は時間に、子どもは一日に、本能的な人は一年に生き、歴史的に関わった者は一時代を生きる。スピノザは一時、一日、一年あるいは一時代ではなく、永遠に生きることを求めている。[二九]

この永遠について、かつてヴィトゲンシュタインは、「無限の時間ではなく無時間であると解されるなら、永遠は現在に生きる」[三〇]ことであるとしていたが、ラッセルにおいても永遠とはいま・ここに生きるということである。スピノザの神は、いま・ここにある。もちろん、スピノザの神は人格神ではないが、それでもラッセルは神ということばは用いていない。神の代わりに世界ということばで表わされている。子どもは、この世界の生成であり、それが子どもの自由の本源である。したがって、子ども自身が自らを生成していることが自由であり、それは世界の生成であるから、自由の本源は世界の必然である。かくして、ラッセルにおいては自由即生成の世界・必然とならざるをえない。もはや、ここには通俗的な意味での自由はない。ラッセルは、神といわないにしても、自由は神そのものになっている。したがって、子どもが崇敬の念を呼び起こすのも必然である。

## 2　教育における自由

ラッセルの子どもにはキリスト教におけるような原罪はない。また、イエスが「身を転じて幼子のようにならなければ、あなた方は決して天の王国には入れません」（マタイ伝　一八章一－六）として、子どもを祝福したような教えもない。ラッセルにおいては、子ども即世界・神であるからである。子ども自体が崇敬されるものである。ラッセルは語る。「人格に対する崇敬の念こそ、あらゆる社会問題、とりわけ教育における英知のはじまりである。[三二]」子どもに対する崇敬の念は教育の世界を生きる者にとって必然である。これは、ラッセルが設立したビーコン・ヒル・スクール（寄宿制）でも実践されている。ちなみに、娘のテートは、ビーコン・ヒルでの父について、こう語っている。

> 父はいつも、子供たちを尊敬をもって、対等の人間として扱い、大ていの人ならそれには彼らはまだ若すぎると思うような、おとなの楽しみを提供した。若者を堕落させるどころか、この扱い方は、彼らを喜ばせて、父が彼らに期待していた責任ある行動にみちびいた。[三三]

崇敬や尊敬は、指導や強制とは相容れない。このことは教育においてもそういえる。ラッセルにおいては、学ぶということは子どもの自由の本源、すなわち必然による。必然は、子どもの自由においては自ずから然るものになることであるから、ここには受動と能動、他動と自動の対立図式はない。教育における子どもの自由は子どもが学ぶという必然に教育する者が従うことである。だが、現代の教育においては、デカルトの二元論が支配しているので、受動と能動という対立図式がある。ここでは、子どもに意図するものを教えようとする他動と子どもが興味や自発性、意志によって学ぼうとする自動が図式化され、子ども自身は外からの指図によって学ぶ受動ないし他動と自分の興味、自発性、意志によって学ぶ能動ないし自動とに分割される。そして、能動や自動も、興味、自発性、意志として対象化されるや否や受動及び他動に転換される。すなわち、これらもまた操作され、作られるものとなる。

必然としての子どもの自由は、生まれる、ふれる、ほほえむ、見える、聞こえる、気になる、育つ、戯れる、分かる、学ぶなど、自ずからそうなるということで、主語ないし主体が述語のなかにあるものとして現われる。言語学的には述語的世界である。ここには、主体はいうまでもなく意志も見られない。この点でラッセルはデカルトを批判していた。

「わたしは考える」がデカルトの究極の前提である。ここで、「わたし」という語はまさに当を得ていない。デカルトは「思考（thoughts）がある」というかたちで、彼の究極的な前提をのべるべきである。……彼はすでにスコラ主義からうけつがれたカテゴリーの用具を無批判に用いている。デカルトはどこにも思考は思考する者を必要とするということを説明していないし、しかも文法的な意味でいう以外には、これを信じる理由もない。(三三)

ラッセルは、教育における自由（freedom in education）について語り始める。もちろん、これは学校教育における自由である。この教育には、子ども自身の外にあるものからの働きかけであるので、ここには能動と受動、自ら学ぶことと他から教わることとの対立図式が見られる。この図式を踏まえて、ラッセルはこう語る。

教育における自由には多くの面がある。第一に学ぶ自由あるいは学ばない自由がある。次に何を学ぶかについての自由がある。そして後の教育になると意見の自由がある。(三四)

ラッセルはこの自由をすべて肯定する。けだし、自由は世界の必然、したがって子どもの必然であって、それに従うことも必然としての自由であるからである。それゆえ、娘のテートによれば、ラッセルのビーコン・ヒル・スクールでは、勉強したくない子は授業に出なくてもよいことになっており、どんな意見も自由に言うことができたとある。(三五)

ラッセルも、こう語っている。「教師と生徒、双方の側の意見の自由は、あらゆる種類の自由のなかで重要であり、いかなる制限も要しないただひとつのものである。(三六)」この点で、ラッセルは『教育と社会秩序』において、ルソーによって開かれた教育の消極論をある条件のもとで評価する。

教育における消極観は、それが真理の多くの重要な要素をもち、感情に関するかぎり大いに妥当なものであるが、知的かつ技術的な訓練に関しては完全には受け入れることができない。これらに関するかぎり、もっと積極的な何かが必要である。(三七)

教育における消極観が重要な要素をもっているというのは、子どもの自由を受容するからである。だが、子どもの自由の本源が世界の必然であるとの理解を欠いているため、ピーターズが述べていたように「児童中心の運動は、内容の価値の決定ではなく、手続き原理と呼ばれるものを説明しようとした。そのため、教材よりも、むしろ教育の方法に注意が集中され(三八)」ている。この運動が行き過ぎると、子どもが興味や関心を示さない教材や教科は避けられるようになる。かくして、教育における子どもの自由が興味や関心、自発性や内発性と同一視され、さらには子どもの気まま、気まぐれでさえも自由と目されてしまう。子どもの自由を大事にするということは、教える内容を重んじなくてもよいということにはならない。それゆえ、ラッセルは語る。「多くの進歩的学校で行われていることであるが、技術的訓練を欠いた独創性の奨励は誤りである(三九)」と。

児童・生徒の独創性といえども、たしかな価値あるものを学ぶことによって生まれる。それには、面白くないこともあり、退屈さをがまんしなければ学べないものもある。ラッセルは、「算数は幼年時代の恐怖である――私は九九の表を覚えることができなくてひどく泣いたことを覚えている(四〇)」という。「真の完全な教育が、徹底的に面白くされうるとは思われない。あることをどれほど強く知りたいと望んでも、その中のある部分には必ず退屈なものもある」(四一)。したがって、「教育の原動力は、学ぼうという生徒の願いであって、教師の権威ではないのであるが、そうであるからといって、教育が、いかなる段階においても、優しく、平易で、楽しくなければならない、ということにはならない。」(四二)面白くなく、退屈なものは、ある課題を学ぶときに、その内容もしくは教材に必然的に生じるものである。これは排除することができない。たとえば、文字の習得、数学や幾何学の公理を覚えるとか、ホメロスを読むとか、ヴァイオリンやピアノを弾くとか、これらは退屈なものである。これには忍耐と勤勉が要る。だが、退屈さといえども、教師から押しつけられた強制でなければ耐えられるものになる。「ある野心を満たすために、生徒たちが自発的に我慢している退屈さ」(四三)がある。このとき、生徒は自由である。生徒は世界の営為である必然に基づいて、それを表現しているからである。ラッセルにおいては、教育における自由もまた、世界の必然に従うことであり、児童・生徒が世界の必然それ自体として現われることである。ラッセルにおいて全面的に肯定される自由はこのような自由であって、自由主義教育における自由ではない。

もっとも、教育において、世界の必然、すなわち本質に従い、それを表現する自由は、平易に達成されるわけではない。このためには教師の努力と力量が求められる。ラッセルのビーコン・ヒル・スクールの授業には、科学、数学（これだけに教科書があった）、解剖学、自由な読書、詩の創作、演劇、歌とピアノ、ダンスのレッスン、芸術、歴史、フランス語とドイツ語、野外授業、自然研究があったが、そこでの授業について、テートは語っている。

わたしたちはもしそうしたくなければ授業に出なくてもよいことになってはいたが、ほかの子供たちが授業に出ているときにすることといってもあまりなかったし、授業は大ていがおもしろかった。わたしには、ビーコン・ヒルで授業にあきたといった記憶がない。ビーコン・ヒルではかにどんな苦しいことや不幸なことがあったにしても、学習に費やされる時間はいつもほんとうに楽しいものだった。授業はしばしば父がそうあって欲しいと思っていたようにおもしろくて、退屈だったことは一度もなかった。(四四)

このために教師は全力を傾けねばならなかった。同じく、テートは語る。

先生たちは奮闘的な生活を送っていた。彼らは受持ちの教科に精通していて、わたしたちがむりなくおぼえられるようにそれを十分におもしろいものにしなければならなかった……彼らをバックアップするちゃんとした権威ある組織もなかったから、絶えず質問をするように、そしておとなのたんなる命令はいっさい受け入れないように訓練され奨励されている子供たちを前にして、先生たちが頼れるものといえば自分自身のパーソナリティの強さだけだった。耐え抜いて成功したものはわたしたちの尊敬と愛情をかちとり、そうでないものは屈辱と絶望のうちに去って行った。(四五)

## 3　自由の抑圧

子どもの自由を抑圧するのは、教師が権威主義的で、その教育が子どもたちに強制されるということだけではない。学校集団では、子どもたちがそれぞれ自由の抑圧に関わっている。ラッセルのビーコン・ヒル・スクール（一九二七年設立）では、三歳から六歳までの子どもが七年間寮生活を共にして教育されたが、その間、度を越したいじめがあったという。年上の強い子が年下の子どもをいじめるだけではなく、弱い子もそれなりの仕返しをした。いじめる子のスープの中にピンを入れる子があり、再三草原の枯れ草に放火があり、先生がおとなしい内気な子どもに与えたつがいのウサギを焼き殺そうと企て、その火で校舎の一部が焼失したことがあった。ラッセルは、問題のある子どもを入れすぎた、子どもたちのほとんどは親が手を焼いて放り出した子どもたちであったと反省して、こう語っている。

子どもたちを自由にさせておくことは、恐怖の支配を作りあげることであった。そこでは、強い子が弱い子をいつも震えあがらせ、みじめにした。学校も世界も同様であって、統治だけが野蛮な暴力を防ぐことができる。そのようなわけで、私自身、子どもたちの授業がないときに、残酷な行為をやめさせるために、いつも監督せざるをえないことが分かった。(四六)

ここで、ラッセルが自由というとき、これは世界の必然としての自由ではなく、「思いのままに」という意味である。この「思いのまま」という意味での自由は子どもには大きな限界がある。ラッセルは語る。

もし、その人が親切で寛容であっても、学校集団が残忍かつ狭量のまま放置されるならば、教師の指導下にある子どもは、教師に長所があるとしても、苦痛にみちた環境に置かれるであろう。ある種の近代学校に見られる無干渉説は、このような欠陥が起こりやすいところにまで来ていると思う。

もし、子どもたちが、絶対に大人たちの干渉をうけないならば、大きい子が小さい子の上に立って乱暴をふるいがちになる。そこで学校の標語であるかのように思われている自由は、身体的強者の特権のためにあることになろう。(四七)

これは、かつてホッブズが個人を思いのまま、好きがままに生きる存在と見たため、そこから各個人間の小突き合い、闘争の状態が生まれることを指摘したことを思わせる。ホッブズは、その闘争を抑え、調整するために、国家の権力・法を必要悪として認めたのであった。ラッセルもまた、暴力を抑えるため監督をし、やめるように説得しなければならなかった。但し、ラッセルは、体罰は決して用いてはならないという。それは、子どもの信頼を失うので、教育的に何の効果もない。これは抑圧による抑制にすぎない。真の自由は、子どもを貫いている世界の営為、すなわち必然に従うことである。もちろん、真の自由は世界の必然に従って、その本質を表現することであるので、国家の法とか道徳法に従うことではない。それゆえ、ラッセルは「ヘーゲルと彼の追随者たちは『真の』自由とは一般に『道徳法』と呼ばれている官憲に従う権利にある」[四八]という主張を除けている。

　思いのままに、好きなように考え、行動するという意味での自由は、判断力のある個人に可能なものである。ラッセルは語る。

> 個人の自由は、その行動が直接、明白に、疑いの余地のないほどまでに他の人びとを害しない場合に、尊重されるべきである。われわれが求めるべき自由は、他人を圧迫する権利ではなく、われわれが自由気ままに生き、かつ考えても、ほかの人が同じようにするのを妨げない場合に、自由気ままに生き、かつ考えるという権利である。[四九]

したがって、個人の自由は個人の権利としての自由（liberty）であって、教育における自由（freedom）ではない。この権利としての自由は、ミルが『自由論（On Liberty）』で論じていたことであったが、個人と社会の問題となる。すなわち、ミルはその序文でこう語っていた。

> この論文の主題は、哲学的必然論という誤った名で呼ばれているものと不幸にも対立させられ

ている、いわば意志の自由ではなく、市民ないし社会的自由、すなわち社会によって個人に当然行使されうる権力の性質と限界である。(五〇)

ラッセルはミルの自由論の流れを汲んでいる。ラッセルは『権力』(一九三八)のなかで、「秩序と両立しうる自由の程度の問題は抽象的に決定することができない。(五一)」これは個人の判断に委ねられている。子どもには、まだそのような判断は生まれようもない。したがって、ラッセルは「自由(liberty)を主唱する人が格別の困難に出会うような領域がある。それは教育の領域である。(五二)」「学校における自由がひとつの絶対的原理にまで立てられるとは考えない(五三)」と語る。

たしかに、子どもの教育においては、自由は制限されている。そもそも、七歳かそこらで一〇年以上も学校という建物の中で、無報酬で勉学という仕事を課せられることに自由があるとは言い難い。それゆえ、ピーターズは「教育の場面においては、しかしながら、自由の原理の適用はそれほど単純ではない。というのは、ほとんど定義からして教育の場面は強制が子どもたちの欲求に対して加えられる場面であるからである」という。(五四)また、バーリンも「強制もやはり、一種の教育である。」「強制は、将来の見識を与えるための教育により正当化される。(五五)」としたのであった。これと同様に、ラッセルにおいても「最大の自由をゆるす教育者たちは、あらゆる衝動や野放しにされているところではほとんど生まれえない、ある程度の慈愛、自制そして訓練された知性にその成功が依存している人びとである。(五六)」と。子どもたちが思いのままにしたいということを許すことが、子どもの自由を尊重することではない。このような自由によって、他方ではそうした自由を奪われる子どもが生まれる。子ども集団におけるそうした自由には反自由を生むという逆説がある。かつてバーリンは、「自由とは、少くとも政治的な意味では、弱い者いじめ・抑圧の不在と完全に重なる」(五七)としていたが、学校教育においては、このいじめこそが子どもの自由を抑圧するものである。ラッセルにおいて子どもをその集団の中で思いのまま、好きなようにさせることは、自由どころか自由を抑圧する。思いのまま、好きなことをしても、それがつねに世界の必然すなわち本質に従うことこそが真の自由である。ラッセルは語る。子どもはやがて、「……生徒になったとき選択の真の自由（a genuine freedom of choice）への準備ができるであろう。われわれは子どもに自由を与えることはできないが、自由への準備（a preparation for freedom）を与えることはできるのであり、このことが教育がなすべきことである。」(五八)「選択の真の自由への準備」とは、世界の必然に従い、世界である人間の本質を表わす自由である。この自由は自ずから然ることになるという謂で、必然の自由である。したがって、これは、社会・政治における自由や、哲学における意見の自由のようなものではない。

## 4　自由への教育

ラッセルにおいて、子どもは集団のなかでも、自分の思いのままに、好きなようにしてもよいのであったが、「いじめ」があれば、そういう自由さえも失われ、弱い子どもには抑圧となる。ここには、人間の本質に従うこととしての真の自由の喪失がある。だが、他方では思いのまま、好きなようにしてよいという意味でも自由を可能なかぎり認めている。すなわち、「いじめ」がなければ、子どもは自分の思うように考え、行動してよいのである。事実、ビーコン・ヒル・スクールでは、子どもの健康を守るための食事、就寝、清潔に関すること以外は、一切制限されたことはなかった。それだけに教師たちは、教育に奮闘的な努力を傾けたのである。

それでは、ビーコン・ヒル・スクールでは、どのような子どもを育てたのであったか。これを示す事例に演劇がある。演劇はカリキュラムのひとつで、子どもたちが毎年学期末に、保護者たちに演じて見せているものである。演題、登場人物、せりふ、衣装、舞台装置、これらすべてが子どもたちによって話し合い、決められている。このために、エンサイクロペディアの引き方を相談係の教師に教えてもらうことがあったにしても、衣装を縫い、舞台を作るのも子どもたちである。その演劇のひとつについて、生徒であった娘のテートは述べている。

そのテーマは人類と同様に古く、あらゆる世代と同様に新しいもの、すなわち一人の若者が世の中に出て行って、自分の人生を意義あるものにしてくれるような職業をさがすというものであった。

「わたしはすぐにも仕事を選ばなければならない」と彼がいう。「わたしはもう二〇歳だが、自分にはいったい何が向いているのかわからない。どうやら、世界はわたしをあまり欲しがっていないらしいのだが、それでもわたしは何かしたいと思っている。ただだらだらとやればいいだけのことでなく、ただ金を儲けるだけのものではない何かをだ。わたしは役に立ちたいし、そのことから楽しみも得たいのだ……」(五九)

さらにテートは語る。

この芝居を書いたとき、わたしたちのほとんどは一〇歳から一二歳だった。わたしたちは毎日を学習や遊びにすごし、そういうおとなの悩みはあとに残しておくように期待されていたのかもしれなかった。だが、わたしたちはまじめ人間で、現代世界の諸問題について熱心に考え、芝居の中で、いろいろな種類の人たちによって提供される解決法を一つずつ取り上げた。(六〇)

ここには、かつてあったいじめは微塵も見られない。教師の目がとどかないところはいくらもあり、寄宿制のビーコン・ヒルではいじめが途絶えることはなかった。しかし、これが七年の間に演劇を創作するところにまで至っている。「思いやりを欠いた残酷さは、建設と成長への興味を発達させることによって、最も容易になくすることができる」(六一)とラッセルは語る。演劇のほか、それぞれの授業が建設と成長への興味を育み、いじめがいつの間にか消去されたのであろう。けだし、ビーコン・ヒルの授業は全く強制がなく、子どもたちが自然に集まって成り立っており、とくに演劇や化学の実験などのようにお互いの協力と理解によって成り立つからである。子どもたちは、こういう教科によって、共に学び、その喜びを共有することができる。もちろん、寄宿生活の影響もある。いじめ、夜の不安や恐怖、孤独、ホームシックがあったにせよ、子どもたちは同じ部屋（同学年の子、三〜五名）で眠り、同じ食事をして育っている。これは、共同体であり、この体験が共感を育み、相互理解と協力を生む。しかし、これを可能にした根本は、子どもへの崇敬が教育のなかで徹底されていたことである。それに関してテートは、こう語っている。

わたしは、ビーコン・ヒルでの歳月から多くの幸福を思い出す。幼児期のふつうの遊びも、新しい技能をマスターするという強烈な満足も。どんな種類の技能も惜しみなくほめ賛えられた。だから熟達することには、自分自身の誇りと他人の賞賛という二重の喜びがあった。学習は競争的なものでなかったし、試験や格付けによってお互いに比べられたりしたことも一度もなかったから、わたしたちはどのような形ででも、自分たち自身の価値を減じることのない、他人の成功によっておおらかに心を動かされることができた。(六二)

ラッセルにとって、子どもは世界の黙々たる努力の顕現であり、それは神聖かつ高貴あるものであった。どのような子どもも、崇敬の念をもって見られ、一人ひとりの子どもの学びはいずれも等しく、価値あるものとしてほめ賛えられる。この崇敬の念が子どもの自由を喚起する。けだし、崇敬の念は教師が世界の必然に従う自由を表わしており、それによって、子どもは必然に従う自由に至るからである。

テートが述べている演劇のなかで、主人公の若者が「ただ金を儲けるだけのものではない何かをだ。わたしは役に立ちたいし……」と語っていた。ビーコン・ヒルでの一〇歳から一二歳の子どもたちの関心事は、いかにして社会の役に立つかということであった。これは、社会へ関わり、結びつくことである。ここには、社会の利益集団ではなく、共同体の一員として、真実としての共同体に役に立ちたいとの思いがある。かく見れば、結びつくことは人間の本質、したがって必然に従うことである。かつてブーバーは、「教育における自由は、結びつけられる可能性である（六三）」と述べたことがあったが、結びつくことは必然に従うことである。従うことは屈従ではない。「自ずから然ること」に「従うこと」であるから、両者は同一である。すなわち、必然と従うことが同一であるから、ここに必然に従うことが即自由であるとの理解が生まれる。かくして、ラッセルにおいては子どもの自由は必然に従う自由であり、教育は必然に従うことができるように子どもを育むことに他ならない。

## 5　真理への自由

デカルトの思想が支配している現代では、必然と自由とは対立したものであって、必然に従うことが自由であるとする見方は否定される。必然は必然であって、自由の入り込む余地はないからである。だが、ライプニッツと同様にデカルトの思想の外にいたスピノザはこう述べる。「自然のうちには、何ひとつ偶然なものはない。むしろ一切は、一定の仕方で存在し作用するように、神的本性の必然性によって決定されているのである」（六四）と。ここでいう「神的本性の必然性」とか「決定されている」とかの文言は、現代社会における通念としての必然や決定はない。スピノザにおいては、必然や決定に従うことが精神の本質である。これによれば、たとえば、子どもが凧を揚げたいのであれば風が力学の法則に従って揚力となるように糸の張り方を工夫しなければならない。力学の法則に従ってはじめて子どもは凧を揚げることができる。子どもは風の力学に従い、凧とひとつになって大空を飛翔する。ここには必然、すでに決定されているものと子どもの自由とがひとつになっている。それゆえ、凧揚げに限らず、すべてのことにおいて必然と自由とはひとつのものである。子どももまた世界の必然であるから必然に従っている。

ラッセルが語る子どもの自由は、必然への自由にして必然としての自由である。それゆえ、この二様に解される自由はひとつのものである。それは、子どもが世界の必然に従うことのみならず、子ども自体が世界の必然であるという理解に導かれている。ここには、たんなる興味、自発性、動機、意志の自由といったものを超えた、現代教育学及び教育に見ることのない独自の自由がある。ラッセルは語る。「もし、自由の教育がこれを促進するのであれば、親たちは、子どもたちのために自由の教育がまきこむであろう一般的な苦痛にひるむべきではない」（六五）それは「たとえ、それが世間的な不幸を招くとしても、いわば富や名声よりももっと大切なもの」を与える。「つねに真実を語ることは偽善に満ちた社会ではひとつのハンディキャップである。しかし、このハンディキャップは恐怖をもたないですむという利益によって十分につぐなわれる」[六六]。必然、すなわち真理に従うという自由は、平安と幸せを生む。ラッセルが語る子どもの自由は、当時のスピノザの倫理学がそうであったように、現代の教育論から遠く離れている。たとえば、これは、ラッセルと同時代を生きたリット（一八八〇～一九六二）の著書『指導するか成長にまかせるか』とは全く違った次元のものである。ここでリットは、「指導と成長にまかせる――教え子に対するその関わりにおいて、この両者の原理のどちらからも同時に支配されうるような教育が考えられるか」[六七]との問いを出している。そして、リットは指導か自由放任のいずれかに組するのではなく、両者の混乱やあいまいさを正して、両者の緊張関係において、自らの限界と可能性を発見するように説いていた。これに対してラッセルの教育にも緊張関係はつねにあるが、それはラッセルが示す世界の必然が指導か成長（自由放任）かという問いを超えていることによって、逆にその問いに答えるものになっている。

## 注

（一）B. Russell, On Education, Especially in Early Childhood, Unwin Books, London, 1973, p.70. 1st ed., 1926.

（二）A. N. Whitehead, Science and the Modern World, Cambridge University Press, 1953, p.177.

1st ed., 1926.

（三）B. Russell, On Education, op. cit., p.55.

（四）B. Russell, Marriage and Morals, Unwin Books, London, 1967, p.99. 1st ed., 1929.

（五）B. Russell, Education and the Social Order, Allen & Unwin, London, 1951, p.39. 1st ed., 1932.

（六）B. Russell, On Education, op. cit., p.62.

（七）J. S. Mill, Utilitarianism, Liberty and Representative Government, Everyman's Library, London, 1968, p.32.

（八）L. Wittgenstein, Tractatus Logico-Philosophicus, Routledge & Kegen Paul, London, 1961,7. 1st ed., 1921.

（九）井筒俊彦『意識の形而上学』中央公論社、一九九六年、一三頁。

（一〇）B. Russell, An Inquiry into Meaning and Truth, Allen & Unwin, London, 1966, p.7. 1st ed., 1940.

（一一）D. Hume, A treatise of Human Nature, Reprinted from Original Edition in three volumes, Ed by L. A. Selby-Bigge, M. A. Oxford at the Clarendon Press, 1928, p.265.

（一二）B. Russell, On Education, op. cit., p.20.

（一三）B. Russell, Principles of Social Reconstruction, Allen & Unwin, London, 1968, p.147. 1st ed., 1916.

（一四）B. Russell, ibid., p.149.
（一五）B. Russell, ibid., p.147.
（一六）B. Russell, Principles of Social Reconstruction, op. cit., p.25.
（一七）M・J・ランゲフェルド『教育の人間学的考察』和田修二訳、未来社、一九六六年、二一〜二二頁。
（一八）A. Whitehead, Science and the Modern World, op. cit., p.177.
（一九）B・ラッセル『人生についての断章』中野好之・太田喜一郎訳、みすず書房、一九七九年、一一四頁。
（二〇）B. Russell, On Education, op. cit., p.96.
（二一）A. Einstein, New York Times, 25 April, 1921. 金子務『アインシュタイン・ショック』河出書房新社、一九八一年、二〇六頁。
（二二）A. Einstein, Brmerkungen zu Bertrand Russeels Erkenntnistheorie, In : P. A. Schilpp, ed., The philosophy of Bertrand Russell, Tudor Publishing Co., New York, 1944, p.290.
（二三）B・de・スピノザ『倫理学』（世界の大思想九）高桑純夫訳、河出書房新社、一九六六年、七頁。
（二四）B・de・スピノザ、同書、一八頁。
（二五）B・de・スピノザ、同書、二五五頁。

（二六）B・de・スピノザ、同書、二五五頁。

（二七）B・de・スピノザ、同書、二五六頁。

（二八）M・シェーラー『シェーラー著作集一三』飯島宗享・小倉志祥・古沢伝三郎編、白水社、一九七七年、二七〇頁。

（二九）B. Russell, New Hopes for a Changing World, Allen & Unwin, London, 1968, p.189. 1st ed., 1951.

（三〇）L. Wittgenstein, Tractatus Logico-Philosophicus, op. cit., 6・4311.

（三一）B. Russell, Sceptical Essays, Allen & Unwin, London, 1952, p.201. 1st ed., 1928.

（三二）K・テート『最愛の人―わが父ラッセル』巻正平訳、社会思想社、一九七六年、二七四頁。

（三三）B. Russell, History of Western Philosophy, Allen & Unwin, London, 1962, p.550. 1st ed., 1946.

（三四）B. Russell, Sceptical Essays, op. cit., p.195.

（三五）K・テート、前掲書、一〇五頁、一二〇頁、一三五頁。

（三六）B. Russell, Sceptical Essays, op. cit., p.196.

（三七）B. Russell, Education and the Social Order, op. cit., p.44.

（三八）R. S. Peters, Ethics and Education, Allen & Unwin, London, 1966, p.35.

（三九）B. Russell, Portraits from Memory and Other Essays, Allen & Unwin, London, 1956, p.15.

（四〇）B. Russell, On Education, op. cit., p.142.

（四一）B. Russell, ibid., p.139.
（四二）B. Russell, ibid., p.136.
（四三）B. Russell, ibid., p.135.
（四四）K・テート、前掲書、一一九～一二〇頁。
（四五）K・テート、同書、一一七頁。
（四六）B. Russell, The Autobiography of Bertrand Russell（1914-1944）, Allen & Unwin, London, 1968, p.154.
（四七）B. Russell, Education and the Social Order, op. cit., p.96.
（四八）B. Russell, Sceptical Essays, op. cit., p.169.
（四九）B. Russell, ibid., p.182.
（五〇）J. S. Mill, On Liberty, Chapter 1, Everyman's Library, 1968, p.65. 1st ed., 1859.
（五一）B. Russell, Power, Allen & Unwin, London, 1948, p.289. 1st ed., 1938.
（五二）B. Russell, Portraits from Memory and Other Essays, op. cit., p.131.
（五三）B. Russell, Education and the Social Order, op. cit., p.34.
（五四）R.S. Peters, Ethics and Education, George Allen & Unwin, London, 1972, p.193.
（五五）I・バーリン『自由論』（第一巻）小川晃一・小池銈・福田歓一・生松敬三訳、みすず書房、一九七一年、三五〇～三五一頁。

（五六）B. Russell, In praise of Idleness and Other Essays, Unwin Books, London, 1967, p.127. 1st ed., 1935.
（五七）I・バーリン、前掲書、八五頁。
（五八）B. Russell, Portraits from Memory and Other Essays, op. cit., p.131.
（五九）K・テート、前掲書、一二七～一二八頁。
（六〇）K・テート、同書、一二九頁。
（六一）B. Russell, On Education, ibid., p.81.
（六二）K・テート、前掲書、一四〇～一四一頁。
（六三）M. Buber, Reden über Erziehung, Verlag Lambert Schneider, Heidelberg, 1969, p.23.
（六四）B・de・スピノザ、前掲書、三三頁。
（六五）B. Russell, Education and the Social Order, op. cit., p.100.
（六六）B. Russell, On Education, op. cit., p.91.
（六七）T. Litt, Führen order Wachsenlassen, Verlag Ernst Klett, Stuttgart, 1967, p.11.

## 三　力への願望

ラッセルの教育、とりわけ幼児教育に関する研究はない。(一)それゆえ、本節では、ラッセルの幼児教育論において論じられている「力への願望（the will to power）」(二)を取り上げ、これを探求の俎上にのせる。「力への願望」といえば、ラッセルはニーチェ（F. W. Nietzsche）の『権力への意志（Der Wille zur Macht）』を読んだはずである。ラッセルは、自著『権力（Power）』（一九三八）においてニーチェをとりあげ、批判していることからも、(三)それはうかがうことができる。このニーチェは『権力への意志』のなかで、こう語っていた。

有能な少年なら、「徳ある者になりたいか？」とたずねられるときには、皮肉なまなざしをするであろう、――しかし、「おまえの仲間より強い者になりたいか？」とたずねられるときには、両眼をひらく。(四)

ラッセルは、ニーチェのこのくだりに注目したはずである。「力への願望（the will to power）」は、ここから導かれたものであろう。もちろん、ラッセルが語っている幼児には、まだ意志も権力への意識も芽生えていないのであるから、幼児においては、「権力への意志」ではなく、「力への願望」とするのが正鵠を射ているというべきである。

ラッセルは「力への願望」を語るにあたって、いかなる教育の理論にも影響されていない。「力への願望」の意味はすべて、ラッセル自身の形而上学を支えにして、子どもとの現実の交わりから生まれている。ラッセルはこう語る。「子どもに対する望ましい関心は、何も将来の目的を考えず、子どもの前に立つだけで自然に楽しくなる気持ちから生まれる」(五)と。まず、子どもにふれ、交わるという現実から子どもを理解するということが真の根拠（evidence）である。傍観して、子どもを第三人称として、観察しても、子どもの真の姿は見えない。ラッセルの教育関連の書物に、現実からの引用例が多いのはそのためである。ラッセルの引用例によって、われわれは自分が幼かった頃へ思いをはせることができる。われわれもまた、子どもであったのであり、人間存在であることに変わりはないからである。

それでは、ラッセルが語る「力への願望」とは何であり、それは幼児の成長にとって、どのような意味をもっているのか。これを明らかにすることが本節の目的である。

ラッセルは、自らの形而上学を語っている。

崇敬の念のある人は、子どもを型に入れて作る（mould）ことを自分の義務と思ってはいない。彼は、生きているもののすべてに、しかもとりわけ人間に、そしてそのなかでも子どもに、神聖な、名状しがたい、無限の何ものか、独自かつ不可思議な高貴あるもの、生命の成長原理、世界の黙々たる努力が具体化された断片というものを感じる。(六)

子どもは、「生命の成長原理、世界の黙々たる努力が具体化された断片」と見られるとき、子どもはすでに力のあるものとして現われている。これは、生命にある力であるから、上昇し、拡大する力である。「力への願望」は、生命としての子どもにあるのは自明のことである。この願望（the will）は、子どもが生まれたときには、まだ自然が与えるままの衝動あるいは本能であって、願望や欲求（desire）に至ってはいない。ただ、力それ自体が外へ向かってやみくもに拡がろうとしているだけである。「生まれたばかりの赤ん坊は反射作用と本能をもっているが、習慣づけられたものはない。子どもの世界は対象から成り立っていない(七)」とラッセルは語る。

生まれたばかりの赤ん坊は善悪の彼岸にいる。生まれながらに子どもは善であるというルソー（J.-J. Rousseau）の信念も、アーノルド（T. Arnold）がいう原罪という悪の信仰も事実とは一致しない。赤ん坊は生命そのものであるので、その「本能というなまの素材は倫理的には中性である(八)」とラッセルはいう。「病的な場合は別として、およそ人間の本能は、はじめのうちはよいものへ発達させることができるという事実は、まじめな楽観主義のための根拠となる。(九)」だが、この楽観主義の根拠である事実ははじめの間とはいえ、時を経ており、すでに教育によってつくり出された事実になっている。倫理的に中性であるとしても、生まれたときから赤ん坊はこの世界の中に生きており、純粋な本能そのものではない。すでに、「この場合の本能は慣らされ、養われた本能であって、自然が与えたままの粗野な、定まりのない本能ではない。(一〇)」それゆえ、教育の楽観主義も、すでに正しく養われた本能を根拠にしている。

「力への願望」もそのような本能、いわば自然の衝動が人間の理想の中で育まれたものの現われである。

## 1 破壊と建設

生まれたばかりの子どもは対象がない。飢えや渇き、寒さや暖かさが今、ここに在るこの身に現われているだけである。母親の授乳は満腹を現わし、抱き上げられ、あやされ、湯に入れられ、語りかけられることがこの身に結集して現われる。この結集される中心点が身体である。子どもは意識されない世界にいる。そのうち、しだいに、周りのものの認知に至り、意識的な働きが生まれてくる。ラッセルは語る。

破壊の方がやさしいので、子どものあそびはふつう破壊からはじまり、大きくなると建設的なものへ移っていく。おもちゃのバケツで砂あそびをしている子どもは、大人に砂まんじゅうをつくってもらって、シャベルでそれを壊すのが好きである。

子どもがはじめてつみ木であそぶときには、大人に作ってもらったつみ木の塔を壊すのが好きである。(一一)

幼い子どもは、人がつくったものだけではない、周囲にあるものは壊して回る。花をつみとり、ネコの耳やヒゲをつかみ、引きぬこうとする。アリの行列を指でつぶす。三歳くらいになると、ハエや昆虫を殺したがる。バッタやカニの脚をもいでしまう。これは破壊であるが、力による破壊であって、ここには力への願望ないし欲求が現われている。

ラッセルは建設より「破壊の方がやさしい」という。たしかに、つみ木の塔をつくるのは難しいが壊すのはやさしい。壊すのに工夫や忍耐は要らない。目覚まし時計やおもちゃを解体することはできるがそれを組み立ててもとにもどすのは難しい。もっとも、子どもは壊すのが易しいから壊すわけではない。それは結果にすぎない。ランゲフェルド（M. J. Langeveld）はこう語っている。

> たとえば、ボールはそれをころがしてくれるよう訴え、高く積みあげた積木はそれを突きくずしてくれるよう訴えかけている。またスベリ台はその上ですべってくれるよう訴えかけ、水はその中に飛び込んでくれるよう訴えかけている……（一二）

幼い子どもの力への願望の中に破壊への願望があって、それが一方的につみ木や昆虫に向けられたのではない。破壊は子どもと対象との関わりを現わしている。つみ木の高い塔が、子どもの前に壊して、もういい、もとに戻してと訴えかけるものとして現われ、それに子どもが応じたことが破壊という結果である。ネコのヒゲをひっぱったり、バッタの脚をもいだりするのは、そうしたくなるようなものとして子どもの前に現われるからである。子どもが好き好んでいたぶるのではなく、ネコや昆虫との関わりが結果として相手をいたぶることになる。これは破壊への願望でもなく、またバッタやカニの脚をもぐのは、そうすればどうなるかといった知的好奇心によるのでもない。むしろ、これは、子どもにとってはただ壊すというあそびである。

ラッセルが破壊を語るとき、男の子の事例が多い。そのため、力への願望というとき、すでに女の子を除いているかの印象がある。だが、ニーチェと違って、ラッセルはそうではない。力への願望の現われ方が男児と女児ではちがっているのである。かつて、ボイテンディク（F. J. J. Buytendijk）はこう語ったことがある。

二～四歳の女児は男児よりも絵画に対する記憶がよく、色に対する興味も大きい。またより早くから、より上手に話し、人形とよく遊び、着衣着脱もより巧みで、男児よりも小心で神経質である。一歳半で積木をさせると男児は高くて倒れやすい塔をたてるが、女児はもっと低く幅の広い家をたてる。……概して女子は男子よりもよく読書するが、読書というものが高度に坐ったままの作業であり、男子がつねにもっている活動への欲求と矛盾しやすいことを考えてみれば、当然のことであろう。(一三)

さらに、ボイテンディクは語る。

男児は女児よりもずっと玩具を奪ったり、他の子供に手を出したり、他の子供と玩具を分けあうのを拒んだりしがちであるが、女児は喧嘩をするよりも遊びを抜けてしまい、とにかくずっと早めに譲歩してしまう。(一四)

男の子の場合、力への願望は外に向かって身体的な力を及ぼすことの願望が強く、これに対して女の子では外にあるものを受容し、協調するかたちで現われる。ラッセルが破壊について男の子の事例をあげているのはそのためであろう。

力への願望は、男子の場合、端的に力のあるもの、したがって大きなものへの願望となって現われやすい。二歳近くになると、男の子は大きなのりものを見るのが好きである。のりものの絵本をよく見る。そして、外に出てダンプカー、クレーン車、ブルドーザー、そして何よりも巨大な電車を見たがる。動物ではゾウが好きである。ラッセルは語る。

ある精神分析学者たちは、子どものあそびのなかに性的象徴を見ようとしている。これは全くの妄想である。幼い頃の主たる本能的衝動は、性ではなく、大人になりたいという欲求であり、もっと正確にいえば、力への願望である。……私の息子は、自分もいつかは大人になり、また私もかつては子どもであったということを知って大へん喜んだことがある。(一五)

さらに、ラッセルは語る。

子どもはライオンとか汽車になりたがる……かつて私が息子に「ジャックの巨人退治」の話をしてきかせたとき、私は息子に自分をジャックに見たてるようにすすめたが、彼は頑として巨人の方をえらんだ。母親が彼に「青ヒゲ」の話をしてやったときも、彼は、自分は青ヒゲだと言いはった。

ある日散歩からの帰り道、私は全く冗談に息子にこう言ったことがある。ティドリーウィンクスさんとかいうひとが私たちの家をとってしまって、私たちを中に入れてくれないかもしれないと。それ以来、長い間、息子は、自分はティドリーウィンクスだと言って玄関に立ち、私にどこかほかの家に行くように言ったものである。この遊びをするとき、彼の喜びは大へんなもので、明らかに彼が楽しんでいたのは力のあるもののまねをすることであった。(一六)

力への願望は、生命の成長原理に由来するのであるから、子どもが生命力に満ちている場合にはいかなる時にも、空想のあそびにさえも現われる。この願望は、子どもが成長するにつれて、破壊から建設的なものの創造となって現われる。

## 2　破壊から建設へ

幼い時に見られる破壊は大きくなるにつれて減少する。「建設と破壊も力への願望を満足させるが、概して、建設の方が難しい。それゆえ、建設をなしとげうる人の方がより多くの満足を得ることができる。(一七)」子どもにとって、「達成が困難であればあるほど、それが与える喜びは大きい。」子どもは「活動することの喜び以上に窮極的な動機はない(一八)」のであるから、それを何とかやりとげようとする。材料は周囲にあるものなら何でもよい。それで何かをつくりあげること自体が喜びである。大きくなって、子どもが技能や知識を身につけると力は破壊より建設に向けられる。破壊よりもその方がはるかに楽しい。ここで、ラッセルは「建設とか破壊について学問的な定義をしようとは思わない(一九)」という。定義をしなくとも、「われわれはみんな実際にある活動が建設的であるかどうかは分かっている。(二〇)」子どもの活動は、生命の全活動であるので、建築学でいう建設のように、一義的な定義などできるものではない。ただ、大まかにいえば、子どもの活動において建設は破壊よりも難しいので、エネルギーを要し、また、それだけに喜びが大きいということである。これは、子どもの活動が自ずから明らかにしていることである。子どもは、自分で苦労してつくりあげたものを大事にする。「子どもは自分で砂まんじゅうをつくれるようになると、それをつくって喜ぶが、おとながそれをこわすのを許さない。」「子どもはつみ木がひとりでできるようになると、自分がつくったものを大へん自慢にして、がんばってつくった建物がくずされて廃きょの山になるのをだまって見ていることができない」[一一]とラッセルはいう。子どもは、粗末なものであっても自分でつくったものに愛着をもつ。つくったもの以外でも散歩の途中や海辺や山で拾ってきたもの、つかまえたものに愛着をもつ。色のよい石ころ、貝がら、ドングリ、マツカサ、セミの抜け殻、なかには木片のようなガラクタに近いものも、すべて自分で見つけてきたものに愛着をもつ。だから、大人がそれらをゴミとして廃棄するのをだまって見ていることはできない。子どもにとって、ただひろってきたものであっても、子どもが目にとめて選び、自分の家までもってきたものである。それには、自分が作った建造物と同じような愛着がある。子どもは、ここにも自分自身を見ている。それは、子どものみならず大人にも言いうることである。ちなみに、かつてヘーゲル（G. W. F. Hegel）はこう語ったことがあった。

言いかえれば、労働は形成する。ほかでもなく労働している人にとっては、対象は自立性をもっているのだから、対象に対する否定的関係は対象に形式を与えることになり、永続させることになる。この否定的な媒語、言いかえれば形式を与える行為は、同時に個別性であり、意識の純粋な自分だけの有である。そこでの意識は、労働しながら自分の外に出て永続の場に入る。だからこのため、労働する意識は、自己自身としての存在を直観するようになる。[一二]

建設は、たんに建設にとどまるのではなく、子どもの可能性を広げている。ラッセルは語る。

## 3　建設の広がり

多くの徳性の第一歩は建設の喜びを経験することから始まる。子どもが、自分のつくったものをこわさないでとたのむとき、その子にもまたひとのつくったものをこわしてはいけないのだということを容易に分からせることができる。こうして、労働が産み出したもの、いわばただひとつの社会的に無害なものとしての私的所有の源泉に対する尊重を生むことができる。(一三)

子どもが苦労して得、かつ作り出したものは、その子自身のものであり、それは尊重されねばならず、そのことはその子自身を大事にすることへと広がる。それゆえ、力への願望はそれが建設的なものへ向かうことによって、それぞれの人間の尊敬へ至る。したがって、子どもに建設への技能や知識を与えるだけではなく、建設への関心と興味を起こさねばならない。ラッセルは語る。

子どもには忍耐や根気や観察に対する刺激が与えられねばならない。このような性質がなければ、子どもは自分が思った高さにまでつみ木の塔をたてることはできないであろう。子どもとあそぶときには、子どもの野心（ambition）を刺激し、どうすればよいかをやって見せて、その後、子どもが自分の努力で建設できるようにしてやらねばならない。[二四]

さらに、「私が建設的なものについて語るとき、物質的な建設（material construction）のことだけを考えているのではない」[二五]とラッセルは述べる。生きるものを育むことも建設的なことである。建設は構造物の建築だけではない。ラッセルはこう語る。

> 子どもが花園に近づくようになれば、もっと入念なかたちの建設的なものを培うことができる。花園での子どもの最初の衝動は目にふれる花をみんなつみとってしまうことである。子どもが三歳になる頃には、花園の片隅を与えて、そこに花のタネをまくようにすすめることができる。タネが芽吹いて花をひらくとき、子どもの花は大切ですばらしいものに見えるであろう。そのとき子どもは、母親がつくった花も大切にしなければいけないことが分かる。[二六]

ここで、ラッセルが語っている「力への願望」は、直接物に働きかける何かをつくるのではなく、花のタネを受容し、それを介してタネが花になることへ向けられている。タネが花になったとき、子どもの力への願望は満たされたのである。

生きるものは花のような植物だけではない。動物もまたそうである。「たいていの子どもは大きくなるとハエや昆虫を殺したがる。」だが、「もし子どもたちが幼い時から自分の生きものに愛情をもってその成長を見守るならば、生命の尊さを感じるように導かれるであろう……」(二七)。子どもが生きものを大事に育てることは、他の人の生きものをも大事にすることだけではなく、生きものそれ自体を尊重することを学ぶのである。「花園をもっている子どもは他の人の花壇にふみこんだりしないであろう。愛する動物をもっている子どもは動物の生命を尊重することを学ぶことができる」(二八)。したがって、「思いやりを欠いた残酷さをなくするには建設と成長に対する興味をのばすことによって最も容易に達成される。」(二九)建設的なもののなかに、ラッセルは物質的な建設と生きものの成長とを含めている。いずれもそれは喜びの経験を与え、力への願望を満たすことになる。それだけではない力への願望は拡大する。それは、他人がつくったものを尊重すること、及び生命の尊さを感じとることである。結果としては、これは徳性の教育、すなわち性格ないし道徳の教育になる。

ラッセルは、材料を用いた物質的なものの建設、生きものと関わりその成長を達成することのほかに人に関わって何かを生み出すことをも建設的なもののなかにおいている。たとえば、「演劇とか合唱とかには協力的（cooperative）、非物質的な建設が含まれる」(三〇)という。協力的ということはつくる、育てるをも包含することばであるので、協力して何かをつくる、何かの生きものを育てるということもありうる。さらに、協力して何かを表現することもありうる。劇や合唱は、この表現することに加えられる。ここで、子どもたちは自分の力が他の子どもたちとの協力によって何倍にも増大することを学ぶ。ここでは、他の子どもたちを尊重し、協力して学ぶことの大切さを学ぶことができる。

## 4　自己をこえる力

　ラッセルは「材料に適用された建設的なもの」「生きものに適用された建設的なもの」及び「心理的に建設的なもの」[三二]について語る。心理的に建設的なものは、人間ないしその社会、文化に関するものである。いずれも、これらは幼児期における物質的な建設、生きるものの成長としての建設、子どもたちの協力的な建設に対応するものである。ラッセルにとって、これら建設的なものは、いずれも力への願望の現われと解されている。かつてボイテンディクが語っていたが、「静的なものはつねに神秘であり、動的なものはつねに謎である。女も花もまるでそれらが作られたものではなくて、いつもすでにあったところのものから、展開することによって、啓示されたかの如くに、そのあるがままに存在する。」[三三]ボイテンディクは、花は静的で内向的、動物は動的で外向的であるという。花においては、力は内に向かってというよりは、そもそも、力はないかのごとくである。なぜなら、力は外に向かうことにおいてこそ力といえるからである。そして、ボイテンディクは花と女性とに親近性があるという。花も女性も力を誇示するのではなく、野の百合のように、美しく装って在るからである。花も女性も美しい、きれいという形容が少なくとも動物や男性よりもふさわしいのである。

　ニーチェやラッセルが強い者になりたいとか、力のある大きな者になりたいとかを問うのは、男の子に対してである。ニーチェはもともと女性を弱者と見ていたのであり、強い者を語るとき、ここには当初から女性は入ってはいない。ラッセルの場合は、最初に生まれたのは男の子であったため、男の子との交わりから力への願望が導き出されたのであろう。現実からの引用例が男の子を暗示しているのもそのためである。だが、女の子のことを念頭に入れていないわけではない。生きもの、とくに花を育てるといったことは女の子の方が男の子よりも上手で、また好きである。ラッセルは、これも建設的なことであって、力への願望の現われであったが、この力は、外向的な、力学的な力の意味ではなくなっている。この力は、「おまえは強くなりたいか」といった問いに答える力ではない。花を育てる力は、いつくしみ、愛する力である。しかも、この力は他の人が作ったものや育てたものを大切にするのみならず、作り育てているその人への思いやりや尊重をも生み出すのである。こうして、ラッセルが語る力はたんに力学的な力ではなく、より宏大な精神的な力にまで拡げられている。この力は、「神聖な、名状しがたい、無限の何ものか、独自かつ不可思議な高貴あるもの、生命の成長原理、世界の黙々たる努力が具体化された断片」として、子どもを形而上学的世界へ導くのである。

ラッセルが、力への願望を満たすものとして建設的なものをあげたのは、権力の意志や権力愛のためではない。権力の意志や愛は世界及び社会、そして他の人を支配する力の謂である。ラッセルにとって権力の意志や愛がひとつの力として現にあるとしても、それは、さらなる力にならなければならないのである。これは「われわれをして自己をこえさせる(beyond Self)」ことへの願望である。ラッセルは語る。

他のいかなる人よりも力（power）をもった人を四人選ばねばならないとすれば、私は仏陀とキリストとピタゴラスとガリレオをあげるであろう。……四人のうち存命中に大きな成功を見たものは一人もいない。もし彼らの第一の目的が権力（power）にあったとすれば、あれほど人間の生活に影響を及ぼしはしなかったであろう。彼らが求めたものは他の人びとを奴隷化する力ではなく、人びとを解放する力であった。（三三）

ラッセルが語る「力への願望」及びそれが現わす「建設的なもの」は、当初その内容にゆらぎがあり、変容して、分かり難い。これは、ラッセルの場合、人間、知性、感情、善、子どもの自由、忍耐や克己などについてもいえる。ウッドが述べたように、それは「あまりにもとらえがたく、難解で、入り組んでいる」（三四）のである。しかし、ラッセルの形而上学的世界にまで遡って見るとき、ラッセルが「力への願望」で何を語ろうとしているかが明らかになる。「力への願望」は、いつの日にか「自分自身を超える」こと、すなわち自分個人の力を超えて、普遍的な力に至ることであった。これを示すことによって、ラッセルはゆるぎのない、たしかなものを幼児教育の理論及び実践の中に屹立させている。

## 注

（一）ちなみに、乙訓稔「バートランド・ラッセルにおける幼児教育思想―新教育としての幼児教育思想」『総合社会科学研究』二一（八）、二〇〇六年は、思想に照準があてられていて、幼児そのものが問われていない。なお、ラッセル教育理想ないし教育研究の主だったものには下記のものがある。

B. P. Hendley, Dewey, Russell, Whitehead, philosophers as Educators, Southern Illinois University, 1986.

J. Park, Bertrand Russell on Education, Allen & Unwin, London, 1964.

高田熱美『ラッセル教育思想研究』創言社、一九八三年。

金子光男『ラッセル』（人と思想三〇）清水書院、一九六八年。

乙訓稔『西洋現代幼児教育思想史』東信堂、二〇〇九年。

いずれも、力への願望に論点を集中させ論究したものはない。これは他に散見できる論文においても同様である。

（二）B. Russell, On Education, Especially in Early Childhood, Unwin Books, London, 1973, p.75. 1st ed., 1926.

（三）B. Russell, Power, Allen & Unwin, London, 1957, p.273. 1st ed., 1938.

（四）F・W・ニーチェ『権力への意志』（世界の大思想Ⅱ－九）原佑訳、河出書房新社、一九六九年、三九六頁。

（五）B. Russell, In praise of Idleness, Unwin Books, London, 1967, p.130. 1st ed., 1935.

（六）B. Russell, Principles of Social Reconstruction, Allen & Unwin, London, 1930, p.147. 1st ed., 1916.

（七）B. Russell, On Education, op. cit., p.52.
（八）B. Russell, ibid., p.75.
（九）B. Russell, ibid., p.75.
（一〇）B. Russell, ibid., p.75.
（一一）B. Russell, ibid., p.76.
（一二）M・J・ランゲフェルド『教育と人間の省察』和田修二・岡田渥美監訳、玉川大学出版部、一九七六年、一一六頁。
（一三）F・J・J・ボイテンディク『女性―自然、現象、実存』大橋博司・斎藤正己訳、みすず書房、一九七七年、一一二頁。
（一四）F・J・J・ボイテンディク、同書、一一四頁。
（一五）B. Russell, On Education, op. cit., pp.68-69.
（一六）B. Russell, ibid., p.69.
（一七）B. Russell, ibid., p.76.
（一八）B. Russell, ibid., p.75.
（一九）B. Russell, ibid., p.76.
（二〇）B. Russell, ibid., p.76.
（二一）B. Russell, ibid., p.76.

(二二) G・W・F・ヘーゲル『精神現象学』(世界の大思想一二) 樫山欽四郎訳、河出書房新社、一九六六年、一二一～一二二頁。
(二三) B. Russell, On Education, op. cit., p.76.
(二四) B. Russell, ibid., p.76.
(二五) B. Russell, ibid., p.78.
(二六) B. Russell, ibid., p.77.
(二七) B. Russell, ibid., p.77.
(二八) B. Russell, ibid., p.78.
(二九) B. Russell, ibid., p.77.
(三〇) B. Russell, ibid., p.79.
(三一) B. Russell, ibid., pp.79-80.
(三二) F・J・J・ボイテンディク、前掲書、二一二頁。
(三三) B. Russell, Power, op. cit., p.284.
(三四) A. Wood, Russell's Philosophy, In: B. Russell, My Philosophical Development, Allen & Unwin, London, 1959, p.270.

## 四　空想のあそび

### 1　生命の生成

本節は、ラッセルの幼児教育論に着目し、そのなかの「空想のあそび（Play of Fancy）」に焦点をおき、それが想像力の形成に向かうことを明らかにする。

本節が手がかりとする「空想のあそび」は、想像力へと展開し、子どもを真理へと向かわしめるものである。いうまでもなくこの想像力は、イギリス経験論、とくにヒューム（D. Hume）の基本概念であった。ラッセルはこう語っている。「私は、方法論においては、現在のどの学派よりも論理実証主義に共鳴している。ただし、彼らよりも私の方がバークリーやヒュームの業績を重視しているところが、彼らと異なっている。[一]」このヒュームは「記憶、感覚力、そして知力も、それゆえそのすべてが、想像力すなわちわれわれの観念の活力を根底とする[二]」と語っていた。さらに、ヒュームと親交のあったスミス（A. Smith）においても、想像力は重要な概念であった。スミスによれば、「われわれは他の人びとが何を感じているかについて直接の経験をもたないので、彼らが感動するやり方については観念を形成することができない。それができるのは同じような状況でわれわれ自身が何を感じるかを思い浮かべるときだけである。[三]」それゆえ、「人は彼の共感が基礎づけられている状況の想像的転換をできるだけ完全に行うように努力しなければならない。(四)」「想像力によって、われわれは自分を他人の状況に(五)」おくことができる。

ラッセルが想像力を語るとき、そこにはイギリス経験論の想像力が組まれている。この想像力は、われわれの観念の活力であるから、いつ、いかなる時と場、歴史と社会においても重要な意味をもつ。それは、現在のように、即時に情報が得られ、想像することが排除されている社会ではとりわけ意味をもつ。しかし、ヒュームもスミスも、また彼ら以降の人びとも想像力の教育ないし形成について語ってはいない。そもそも、想像力とは何かを定義することはできず、定義したとしても、それはすべての事象を覆うことはできないので意味がない。しかし、想像力が知と感情との活力であるとすれば、定義できない、あいまいなままであっても、それは形成されるべきものとなる。そうした試みはラッセルの教育論のなかにわずかに見ることができる。それが「空想のあそび」である。これが、本節において「空想のあそび」とした所以である。この主題に関する記述は、ラッセルの『教育論』についてはわずかの紙面が割かれているだけである。だが、わずかではあっても、ここにはラッセルの形而上学、哲学、教育思想及び教育経験のすべてが凝集されている。それゆえ、この主題に関する記述は、ラッセルの形而上学を含むすべての業績を繙きながら解明される。本研究に『教育論』以外の文献からの引用があるのはそのためである。もちろん、空想のあそびを通して「想像力の形成」について書かれたものも、その点にラッセルの形而上学ないし哲学の光を当てて解き明かしたものもないので、現在の子どもの教育にも何ほどか資するところがあると期待される。現実の問題としても、情報機器が子どもにも適用され、子どもの想像力を駆逐するかのような教育環境では想像力の形成は必須のものと目されるからである。

ラッセルは『教育論』(一九二六)において、こう語っている。

遊びが好きだということは、人間であれ他の動物であれ幼い子どもがもっている、もっともはっきりした特徴である。人間の子どもの場合、あそびには、まねごというかぎりない喜びがある。あそびとまねごとは幼い頃の生命の要求である。そのため、子どもが幸福で健康であるべきであるとすれば、このような子どもの活動に何か役立つものがあるかどうかは別として、そのための機会が与えられねばならない。(六)

ラッセルは、子どもは遊びが好きであり、子どもが喜ぶものであるから、何はともあれ、遊ぶ機会を与えるべきであるという。遊びは、社会性や知識や技能の獲得のためとかではなく、遊び自体が子どもの喜びである。それゆえ、遊びを大人の目線から見てはならない。遊びは、子どもの「生命の要求(a vital need)」であって、遊びは子どもの生命そのものである。もっとも、「生命の要求」というとき、ラッセルには生物学ではなく形而上学がある。

かつて、ランゲフェルドは、子どもの教育は幾世紀もの間、大人の社会のための配慮から決定されてきたと述べ、教育は子どもそのもののためにあるべきであるとして、次のように語っていた。

……ライプニッツのような哲学者たちは、物質、植物、動物、人間をそれぞれ部分として一つの連続的統一を形成しているような整然と一貫した宇宙を考えた。ここでは、もはや人間と物というデカルト的二元論は受けいれられない。そして一つの哲学的な連続性の理論の中で、子供を動物でもなければ完全な人間でもないような一個の独自な存在として哲学的に理解する。(七)……

ランゲフェルドは、たとえばライプニッツのように、子どもは宇宙ないし世界の具体的な、しかも独自の現われと見るべきだというのである。この「ライプニッツのような哲学者」のなかにラッセルも加えることができる。ラッセルは、『社会再建の諸原理』（一九一六）のなかでこう語っている。

生きているもののすべてに、しかもとりわけ人間に、そしてなかでも子どもに、神聖な、名状しがたい、無限の何ものか、独自かつ不可思議な高貴あるもの、生命の成長原理、世界の黙々たる努力が具体化された断片というものを感じる。(八)

かく見れば、子どものあそびは、世界の黙々たる努力が解された断片、すなわち世界の生命の成長原理であって、そうであれば、子どものあそびは大人たちの目線から、何かの役に立つものとして見られてはならないことになる。ラッセルの師であったホワイトヘッドが、「宇宙には価値あるものを生み出す一般的傾向があります」と語ったことがある。ホワイトヘッドによれば、これは宇宙の「創造的原理(九)」であり、したがって人間の子どもも「自己創造的被造物(一〇)」である。同様に、ラッセルにも世界の創造的原理が子どもに具体化されている。子どものあそびは世界の成長・創造的原理の現われである。それゆえ、大人たちは、幼い子どもには、あそぶ時と場を与えて自由にあそぶことを見守り、かつそれを喜びとするだけで十分なのである。

ラッセルが語る子どもは、キリスト教的世界観からは生まれていない。子どもは「生きるもののすべて」が世界の黙々たる努力によって具体化されたものである。それゆえ、「人間の利益が、動物自身の利益よりも格段に重要だとみなすに足る客観的理由は、何ひとつない。動物がわれわれを滅ぼしうるよりも一段と容易に、われわれは彼らを滅ぼしうる。これがわれわれの優越性の唯一の根拠である」（一一）という。それゆえ、「子どもには生命の尊重が教えられねばならない。あなたが動物を、たとえスズメバチやヘビでさえも殺しているところを見せてはならない。どうしてもそうするほかに仕方がないときには、これは特別な場合で、そうした理由を非常に慎重に説明しなければならない」（一二）のである。したがって、ラッセルにはスピノザのような汎神論的形而上学がある。この点で、仏教的境位がある。この形而上学的境位が、自由（消極）教育、統制（積極）教育、たとえばモンテッソーリ（M. Montessori）やマクミラン（M. McMillan）、トマス・アーノルド（T. Arnold）などのキリスト教系の学校教育と決定的な違いをもたらすことになる。キリスト教の神は人格神であるが、ラッセルの形而上学には神はいない。したがって、ルソー（J.-J. Rousseau）がいう、子どもは生まれた時は善であるとも、子どもは原罪を負うているとも語られない。そうしたことは、ラッセルにとって関心がなかった。それを取りざたしても意味のないことであった。形而上学は、こうした問いを避けるのではなく、それを超えているからである。

## 2　あそびの現象

かつて、アンリオ（J. Henriot）は「対象としてのものを定義するように遊びを定義するのは不可能である」（一三）と語ったことがあった。アンリオにとって、遊びとは遊びといわれているもののことである。したがって、これは遊びの定義になっていない。それゆえ、あそびといわれているものを数限りなくとりあげて分類、分析したりしても遊びは分からない。重要なことは、何かを遊びといっているとき、それは何を意味しているかを問うことである。もちろん、ラッセルはあそびを定義などしてはいない。数理哲学者ラッセルにとって、あそびの定義は無意味、徒労、かつ不可能なことである。

ラッセルは､子どもを教育するにあたって､ピアジェ（J. Piajet）､フロイト（S. Freud）､フレーベル（F. Fröbel）、モンテッソーリなどの心理学及び教育関連の研究書を博覧している。ただ、あそびについて、ホイジンガ（J. Huizinga）､フィンク（E. Fink）､カイヨワ（R. Caillois）､フリットナー（A. Flitner）､ショイエルル（H. Scheuerl）、そしてアンリオに目を通していたかどうかは定かではない。しかし、かりに目を通していたとしても、それらから得た知見を子どもの教育に用いることはなかったであろう。けだし、ラッセルにとって、子どものあそびは世界の成長原理の現われであるので、それは、それ自体に即して把握されねばならなかったのである。ラッセルは語る。

しかも、望むことのできる十分な成長であるものは、定義することも論証することもできない。それは微妙かつ複雑であって、ただ繊細な直観によって感覚し、想像力と敬意とによっておぼろげに把握することができるだけである。(一四)

それゆえ、ラッセルは子どもが楽しそうに何かを創造しているとき、すなわちあそんでいるとき、そこに何が現われているかを直観と想像力と子どもに対する敬意によって見ようとする。これは、子どもとともに日々を生きる者の視線である。それゆえ、ラッセルは子どもに出会うとき、哲学的方法論を封印して、子どもから学ぼうとする。したがって、これはランゲフェルドが語っていたように、「直覚的な、科学的に理論化される以前の前理論的な世界」(一五)に関わることである。ラッセルは、子どもを特定の条件下、いわば箱ものの中に置き、その枠のなかで第三人称(客体)として観察・関与して、それを記録したり、映像化したりしてデータとし、そこから何ほどかの知識を得、教育に役立てようなど思いだにしない。直接子どもにふれ、子どもから学ぼうとしている者にとっては、子どもを対象化するのは無益である。それは、子どもと共に生きるどころか、子どもを放置することである。ラッセルは、ハイデガー(M. Heidegger)やヤスパース(K. Jaspers)に目を通しているが、フッサール(E. Husserl)にはそのふしがない。ちなみに、フッサールの現象学は、人間を研究する既存の諸学が現実の生活から遊離して、形骸化しているとの危機感と反省から生まれている。よって、フッサールは、人間の全体を見失わないために、人間の現象、すなわち現実から出発する。現実こそが真の根拠(evidence)であった。それゆえ、ヴァン・デン・ベルクは、「現象学とは、現実の記述にほかならない」(一六)としたのである。当然のことながら、ラッセルは子どもの教育において、この現象学がいう現実に着地している。よって、ラッセルのあそびは、この現実から理解される。ラッセルのなかに、現実からの引用例が多いのはこのためである。われわれは、この引用例について、自分が幼かった頃に自由に思いをはせることができる。われわれもまた、子どもであったのであり、人間存在であることに変わりはないからである。

## 3　空想

ラッセルは、「あそびにはまねごと(pretence)というかぎりない喜びがある」と語った。子どもがあそんでいるとき、そこにはまねごとが現われている。さらにラッセルは語る。「あそびには二つの型の力(power)への願望がある。ひとつは何かをすることを学ぶこと、もうひとつは空想(fantasy)にある。」(一七)あそびに子どもの成長原理が現われている。それは、子どもが何かすることをまねて、することを学ぶこと、何かを空想して何かになることである。これによって、子どもは何かができ、何ものかになることができる。子どもは、そういう子どもになることへ向かっている。

ラッセルは語る。「子どもたちは、家をたてたり穴を掘ったりするような、自分が見てきた仕事のまねをするのが好きである。その仕事が彼らにとって重要なものに思えれば思えるほど、ますますそれをまねしてあそびたがる。」(一八)子どもがそうしてあそぶことは、それができることの喜びである。このとき、子どもには力が現われ、子どもは今までの子どもからもう一歩前へ抜け出ている。それゆえ、「非常に小さい頃から、子どもは、人のまねをすることからも分かるように、年上の人がすることをしたがるものである。」そして、「うまくできるということが分かると、それに刺激されて努力をするものである。」(一九)なお、ラッセルによれば、もうひとつの力への願望が空想である。これは、現実のある行為をまねすることではなく、空想の中で何かをまねて何かになるということである。これは、ことばを覚える三歳近くになるとはっきりと現われる。ラッセルは語る。

　私が息子に「ジャックの巨人退治」の話をしてやったとき、私は息子がジャックになるように言い聞かせたが、彼はがんとして巨人の方をえらんだ。母親が「青ヒゲ」の話をして聞かせたときにも、彼は自分は青ヒゲだと言いはった。(二〇)

さらに、ラッセルは語る。「息子は小さい子どもたちを食べてしまった巨人になったり、重い王様をひっぱることのできる機関車になったりして、同じように楽しんでいた。」それゆえ、「子どもは巨人とかライオンとか汽車になりがたっている」(二一)かに見える。子どものこうしたあそびは、フロイト主義者たちがいうかもしれないサディズムではない。抑圧のはけ口で青ヒゲのように自分の妻を食べることを楽しんでいるわけではない。子どもは大きなものや力のあるものになりたがる。とくに男の子にはそうしたあそびが現われる。

続いて、ラッセルは語る。

ある日、私は散歩からの帰りがてらに、まったく冗談に息子にこう言ったことがある。ティドリーウィンクスさんという人がいて、私たちの家をとってしまっていて、私たちを家に入れてくれないかもしれないよ。

そのあとから、長い間、息子は玄関に立って、自分はティドリーウィンクスだと言って、私にほかの家へ行くがよいと告げたものである。このあそびをするときの彼の喜びはとてつもないものであった。明らかに彼は力のあるもののまねごとを楽しんでいた。[二二]

ラッセルは、ここで子どもが力のある者として立ちはだかっているが、それは力のあるものになることが目的ではなく、力のあるものをまねることを楽しんでいるのだという。したがって、ラッセルはこう語る。「しかしながら、力への願望が子どものあそびの唯一の源泉であると思うのはまちがった単純化であろう。子どもたちは、恐ろしいもののまねごとをして楽しんでいる。[二三]」このことをラッセルは例証している。すなわち、「ときどき、私はワニになって息子を食べにいくふりをする。息子は本気になっておびえ、悲鳴をあげるので、私は彼がほんとうにこわがっているのだと思ってやめる。ところがやめるやいなや、彼は『お父ちゃん、もういっかいワニになって』と言うのである。[二四]」

子どもは、まねごとのなかで、恐怖や不安を楽しんでいる。これは、「かくれんぼ」で、オニの目から身をかくす子どもの場合もそうである。力がなくて逃げまどうものになって、つかまえられて食べられるか逃げおおせるか、その緊張のスリルをギリギリのところまで高めて、楽しんでいる。これもまた、広義には逃げおおせる力への願望といえるが、厳密にはそうではない。ラッセルはそのことを認めている。したがって、空想の中に子どもが身をおき、そこで子どもが自由にまねることに喜びがある。それは、力ある者になることも力ない者になることもあるが、いずれもそれらを演じることの喜びである。畢竟、まねごとのあそびは空想のあそびである。

## 4 想像力

子どもは、あそびのなかではどのようなおそろしいことでも耐えることができる。「おそらく、これはまねごとであるという知識が子どもたちの安全感をますからである。」(二五) まねごとはある種のうそに近い。シセラ・ボクは、「私はうそを欺く意図で述べられたメッセージと定義したい」(二六) と述べたことがあったが、子どもが自分はライオンだとか汽車だとかいうのは、うそといえなくもない。たしかに、子どもは二歳半くらいから、事実と違うことが言える。のりものの絵本にあるクレーン車を指さして、「これ何?」とたずねると「キューキューシャ」と答えて、「キャッキャッ」と笑いこけている。子どもは、知っていてわざとほかの名まえを言っている。この時期の子どもは物にはそれぞれ名まえがあることを知っているが、この名まえをその事物から切り取って、他の事物へ貼ることを知っている。ここでは名まえが自由に飛翔している。これは「欺く意図」があるという点ではうそといえるが、子どもは「これ何?」とたずねた大人がすでに知っていることを分かったうえで、「キューキューシャ」と答えているので、正しくはうそではない。この時期に、空想のまねごとあそびが現われる。それ以前は、「ワニだあー」といって、子どもに迫ると本当に子どもはこわがって逃げる。お父さんがワニになってしまったからである。したがって、まねごとのあそびは、ラッセルが語ったように、「これはまねごとであるという知識」が生まれて可能になる。

ラッセルは、まねごとのあそびには「好奇心がある役割を果たしている。」「たとえばクマさんごっこをしているとき、子どもはクマのことを知りつつあるかのように感じている」(二七)という。クマさんごっこは、子どもがクマに何ほどかの好奇心や興味がなければならず、しかもそれはクマについての何ほどかの知識がなければならない。子どもが関心のある、いくらか知っているものから、まねごとのあそびが生まれる。そして、あそんでいるとき、子どもはクマを演じるのであるから、クマがどんなものであるかを知りながらクマの身になっていくのである。いわば、ここにはクマへの変身がある。この変身について、市村弘正はこのように語っていた。

名前の変更は、事態や事物それ自身の変貌をもたらすものとなる。たとえば物語の中でオオナムヂがオオクニヌシへ名をかえ、オウスノミコトがヤマトタケルに変わるとき、その新しい名前の獲得はただの「改名」ではなく、その人物の役割や性格の変化あるいは地位や身分の変更、すなわち「変身」を示すものであった。「変身物語《メタモルフォーセス》」は古代の人間の得意とするところであったが、それは対象を変貌せしめる名前の力に対する強い信念によって支えられていた。子供の変形能力と神話的思考の持主たちの変身感覚とは、固有名詞の決定的な機能と威力に対する信念において共通していた。(二八)

この固有名詞の機能については、宮崎駿の『千と千尋の神隠し』にも用いられている。千尋は千と改名されたとき、異界のものに変えられていくのである。こうした改名の機能は、二歳半頃の子どもとのあそびにも現われる。父親が「おばけだあー」と叫んだとき、父親はお化けになる。幼い子どもはほんとうにこわがって逃げまどう。「お父さんじゃないか」とさとされて、やっと気をとりなおす。だが、子どもが三歳を過ぎ、ことばが豊かになったとき、好奇心が広がり、知的関心が生まれ、さらにまねごとあそびがさかんになる。「ウルトラマンだあー」とか「キョウリュウだあー」と叫んだとき、子どもはいまとここから飛翔して、ウルトラマンやキョウリュウに変身する。子どもは空想の世界に入ったのである。このとき、「カイジュウ」になったお父さんはほんもののカイジュウではないと分かっている。ラッセルは、空想のあそびがどういう教育的効果を生むかということは問わない。ラッセルにとって、あそび自体が子どもの成長の現われであるからである。ラッセルは語る。

あそびの教育的価値について、誰もが新しい能力を身につけるものを等しく賞賛しているが、現代の多くの人びとは、まねごとのようなあそびには疑わしげに見ている。白昼夢は、大人の生活では多少とも病的と見なされるか、現実の面における努力の代替と見られている。白昼夢に下された疑いのあるものが、子どもたちのまねごとにも及んでいる。（二九）

かつて、ラッセルは子どものしつけについて、モンテッソーリを高く評価したことがあった。

> すなわち、正しいしつけは外からの強制にあるのではなく、望ましくない活動から望ましい活動へ導いて行く心の習慣にあるということである。教育において、この考えを具体的にする技術的な方法の発見に大きな成功を得たことは驚くべきことである。この点で、モンテッソーリ夫人は最高の賞賛にあたいする。（三〇）

だが、ラッセルは知識の学習に関してモンテッソーリを批判している。ラッセルはモンテッソーリの学園を見学したとき、そこにきゅうくつやゆとりのなさを感じとったのである。それは、ラッセルにとって、子どもが学習から脇道にそれたり、道草をくったりするのは、想像力の萌芽があると見られたからである。たしかに、モンテッソーリは「私が〝観よ〟と言ったのは、モンテッソーリ教育方法という〝方法〃ではなく、〃子供〃そのものなのです。子供の〃生命〃なのです（三一）」と語ったという。だが、他方では、この方法は「生命を充実させ、それ自身の力で生きようとする魂を助けるために、その働きを促したり、制限したりする技術（三二）」だともいわれる。しかも、この技術の源泉となるものは、幼い子どもの集中であった。これについてモンテッソーリは語っている。「このことを発見して以来私は、集中を促す環境と集中を可能にする教具を注意深く研究し始めた。こうして私は、私の教育方法を編み出したのである。（三三）」と。さらに、モンテッソーリにとって、集中の対象となるものは仕事であった。それゆえ、次のように語っている。

幼子は、初歩的な仕事をやったあと、自分にも出来るとわかれば、直ちに、前よりも難しい仕事を手につけます。しかも、この仕事に対して、あらゆる注意を向け、中に深く入り込み、全精神を傾けて没頭します。（三四）

かく見れば、モンテッソーリの真の目的は、子どもの遊びではなく仕事の達成であったことが分かる。スタンディングによれば、モンテッソーリにとって「〃遊び〃とは、人間の本質の一部分を満足させる何かであり、〃仕事〃とは、もっと深いところにさかのぼって、全存在としての人間の満足を与えるものである。（三五）」モンテッソーリは、「もはや、ルソー、ペスタロッチ、フレーベルといった過去の偉大な教育者を研究するのは充分ではなくなりました。その時代は終ったのです（三六）」「今まで知られなかった全く新しい教育、従来の教育を根底からゆるがすような助言と新しい方向を与え、新しい知識を与える教育」があると述べていたが、モンテッソーリにとって教育とは知識の教育であって、遊びのための遊具（恩物）を創造したフレーベルなどは、もはや過去の人であったのである。ちなみに、ルブールは「モンテッソーリ方法を用いているクラスでは、生徒の注意を引きつけるために用意された遊具によって、生徒の選択があらかじめ決定づけられている」と述べたことがあったが、そうであれば、モンテッソーリにとって遊びは学習の手段となっているのであった。

ラッセルは、まねごとのあそびを取りあげて、モンテッソーリを批判する。「モンテッソーリの教師たちは、子どもが自分の使っている道具を汽車や汽船などに見たてるのを好まない。これは『混乱した想像』と呼ばれている」と。なお、この想像について、ラッセルと親交のあった、サマーヒル学校長のニール（A. S. Neill）もラッセルへの手紙のなかで同様な発言をしている。

どうして、その器具を使って、汽車をつくってはいけないのですか。わたしは、このことで、数年間、モンテッソーリの首席代理マカロニ夫人と論じ合いました。それは、わたしたちのものの見方をゆがませる、学問への恐ろしい態度ではありませんか。要するに、汽車はひとつの現実ですが、わくにはめこむことは全く人工的です。……モンテッソーリは子どもを指導したがっています。

モンテッソーリの用具は、それぞれ学習のために作られたものである。したがって、それぞれの用具には目的があり、その意味は一義的である。ラッセルもニールもそのことに賛同していない。学習の過程で定規が飛行機や汽車になってもよいというのである。これは学習から離れることであるが、幼い子どもはそれでよいとする。そもそも学習は子どもの自発性としての自由によって成り立つのであって、子どもが学習から離れるのも自由でなければならない。子どもには「学ぶ自由、学ばない自由がある」(四一)とラッセルはいう。学習から離れて、教具を遊具に変えてもよいのである。事実、ラッセルが設立した学校、ビーコン・ヒル・スクールでは、授業に出たくなければ出なくてもよかったのである。(四二)かつて、ランゲフェルドは事物の多様性に関して次のように述べていた。すなわち、

児童の遊戯の本質は、社会的な意味づけの中で通用している事物や行為の一義的解釈に対して、彼らがこれらの事物と多義的な関係を結んでいることにある。一枚の板は遊びに際してたちどころにその意味を一つの街道から生垣へ、橋へ、荷車へと変えてゆく。労働と対立するものは、ただ遊戯のある局面である。遊戯と本質的に対立するのは、児童の世界では労働ではなく、ちょうどわれわれが科学において対象を認識する場合のように対象や行為の解釈を一義的に確定してしまうことなのである。(四三)

行為や事物との多義的関係は、子どもが二歳半くらい、ことばを覚えはじめた頃から生まれる。これは、

ことばによって一枚の板が変身することである。「ウルトラマンだあー」と子どもが叫んだとき、子どもはウルトラマンに変身するように、「キシャだぁー」と言ったとき、一枚の板が汽車に変身するのである。子どもたちは、このように空想の世界に飛翔して、そこで生きることを楽しんでいる。ラッセルによれば、現実の世界に起こる残酷さとちがって、それが空想であるかぎり、残酷なことでも、それは無害である。このことをラッセルはこう語る。

「青ヒゲ」とか「ジャックの巨人退治」などの物語は、残酷さについての知識をふくんでいない……子どもにとって、このような物語は純粋に空想的であって、子どもはけっしてそれを現実の世界と結びつけたりはしない。もちろん、子どもが物語から与えられる喜びは、野蛮な本能と結びついているが、こうした本能は力のない子どもにとっては、たんなるあそびの衝動であって無害である。それは、子どもが大きくなるにつれてなくなっていくものである。(四四)

さらに、ラッセルは語る。「子どもたちはまねごととほんとうのこととの区別がつかないと普段いわれているが、私にはそれを信じる理由はほとんどない。」「子どもたちは、自分たちのまねごとにとくにだまされているわけではない」。それゆえ、「子どもは、想像力のない大人たちがあさはかにも自分の舞台装置に干渉すると激怒する。(四五)」たとえば、大人がハムレットの芝居をみて楽しんでいるとき、脇から「ハムレットは存在しない」などと言われたりすると、わずらわしく感じることと同様である。かくしてラッセルは、「私は、何よりも真理についての禁欲主義者たちには共感できない」[四六]という。ラッセルは、ここで、空想のあそびを真理と見ている。そして、こう語る。

真理を事実と混同するのは危険な誤りである。われわれの人生は、事実によってだけではなく希望によって支配されている。事実以外に何も見えないというような誠実さは、人間精神的にひとつの牢獄である。

子どものときの空想（fancy）をころしてしまうことは、子どもを現存する事実の奴隷にし、地上にしばられて、理想の国を創造することのできないものにすることである。[四七]

ラッセルが、宇宙における生命の成長原理が子どもに現われていると見るかぎり、子どもの空想のあそびはそのまま受容される。これは、子どもをどのような人間にするかとか、具体的にはどのような社会人――官僚、教育者、労働者、企業家にするかということと関わりがない。それゆえ、空想のあそびが、どのような教育的価値ないし効果があるかもラッセルには問われない。ラッセルにとって空想のあそびはそうした一般的な要求を超えている。かつて、ピーターズが述べていたが、「教育は、人びとが達成しようとしているものが何であるかについて、いつも十分に明らかでないまま、とほうもない真面目さをもって従事しているひとつの領域である。」[四八]しかも、それは、真の達成が得られ難い領域である。そうであるから、空想のあそびが、子どもの将来にどのような教育的意味をもつかは計り難い。したがって、ラッセルは、子どもが将来どんな人間になるかよりも空想のあそびを楽しんでいること自体を肯定する。ここで、大人たち、とくに両親や教師に求められることは、子どもたちの成長を「ただ繊細な直観によって感覚し、想像力と敬意によっておぼろげに把握すること」だけであった。それゆえ、ラッセルは「おぼろげに把握」したことを語る。それによると、子どものあそびに現われる空想はより広い想像力に言いかえられている。想像は、像を想うということであるから、想像力は何ほどかの自我の芽生えがあって現われる。ラッセルにおいて、子どもの空想は長じるにつれて想像力となる。ラッセルは『教育論』のなかで語る。「真理は大切であり、また想像力も大切である。(四九)」ラッセルにおいては、真理と想像力とは等しく重視されている。しかも、「真理と事実とを混同するのは危険な誤りである。われわれの人生は事実によってだけではなく希望によって支配されている」として、真理と希望も同じ意味に用いられている。したがって、想像力は真理と希望に関わり、それを包括する重要な働きである。ラッセルもまた、その想像力について語る。「人間が、世界はこのようなものであろうと知るのは想像力によってのみである。想像力がなければ、進歩は機械仕掛けで、つまらないものになる。(五〇)」ラッセルにおいては、幼い頃の空想のあそびは、この想像力を生むとおぼろげに把握されている。そして、この「おぼろげに把握」することには想像力が働いている。

ラッセルは語る。「子どものあそびはほかのことに使ったらもっとためになるだろうと思われる時間をつぶしているのではない。(五一)」こう見るのは、大人たちの目線から見られるからである。子どもにとって、いま、あそんでいることが生きることである。かくして、ラッセルは、空想のあそびが子どもたちの将来にどのような意味をもつかを想像する。これは、論証ないし実証することはできないので、あくまで想像である。正しくは直観と想像と敬意による予見である。すなわち、ラッセルは語る。

それで、もし子どもの想像力がこの時期にその段階にふさわしい刺激をうけて生き生きと保たれるならば、それは後々までも生き続け、大人にふさわしいしかたで、働くことができるであろう。(五二)

子どもの頃、自分を青ヒゲに見たてることによって想うがままに満足させられた力への感覚は、大きくなると科学的発見や芸術的創造やすばらしい子どもを教育することやあるいは何か多くの有益な活動によって、洗練された満足を見つけだすことができるようになる。(五三)

ラッセルは、空想のあそびについて、これ以上のことを語ってはいない。ラッセルにおいては、空想のあそびは幼児の世界のものであって、教育が意図する領域に入っていない。そもそも、子どもの空想について、それを空想力とはいわない。これに対して想像は想像力となり、それは形成されるものとなる。この想像力は、ラッセルにおいては「知的想像力」(五四)「共感的想像力」(五五)そして、「普遍的共感」(五六)に至る重要なテーマであった。このテーマは、究極にはラッセルの形而上学に近づく。ラッセルはこう語る。

生きることがすぐれて人間的であるとすれば、それはある意味で人間の生の外にあって、神・真理・美のような、非個人的で、人類を超えた（impersonal and above mankind)、ある目的に奉仕されねばならない。生きることを最も豊かにする人びとは自分の目的のために生きてはいない。彼らは、漸次的な顕現、われわれの人間存在のために、何か永遠的なものをもたらすこと、争いや誤ちや時間をむさぼる欲望から遠く離れた天空に、想像において生きるように見える何ものか、そういうものを目的としている。[五七]

ラッセルが、この形而上学を幼い子どもの空想のあそびへもちこまなかったのは、そういう意図的な介入が空想のあそびを凝固してしまうからである。空想のあそびは子どもという生命を生んだ宇宙の、宏大な、非個人的世界へ子どもが飛翔する可能性であるが、それは子ども自身のものであって、大人のためではないというのが、ラッセルの形而上学的理解である。大人たちは、子どもの空想のあそびを支え、共に楽しむだけで十分である。それが想像力を形成することになる。

## 注

（一）B. Russell, An Inquiry into Meaning and Truth, Allen & Unwin, London, 1966, p.7. 1st ed., 1940.

（二）D. Hume, A Treatise of Human Nature, Reprinted from Original Edition in Three Volumes,

Ed. by L. A. Selby-Bigge, M. A., Oxford, at the Clarenden Press, 1928, p.265.

(三) A. Smith, The Theory of Moral Sentiments, Printed for A. Strahan and T. Cadell jun. and W. Davies, in the Strand, 1797, Vol. I, p.2. 1st ed., 1759.

(四) A. Smith, ibid., p.38.

(五) A. Smith, ibid., p.3.

(六) B. Russell, On Education, Especially in Early Childhood, Unwin Books, London, 1973, p.68. 1st ed., 1926.

(七) M・J・ランゲフェルド『教育の人間学的考察』和田修二訳、未来社、一九六六年、二二頁。

(八) B. Russell, Principles of Social Reconstruction, Allen & Unwin, 1930, p.147. 1st ed., 1916.

(九) L・プライス編『ホワイトヘッドの対話』岡田雅勝・藤本隆志訳、みすず書房、一九八〇年、五三一頁。

(一〇) A. N. Whitehead, Process and Reality, An Essay in Cosmology, Corrected Edition, The Free Press, A Division of Macmillan Publishing Co., New York, 1978, p.85.

(一一) B・ラッセル『人生についての断章』中野好之・太田喜一郎訳、みすず書房、一九七九年、一六四頁。

(一二) B. Russell, On Education, op. cit., p.96.

(一三) J・アンリオ『遊び』佐藤信夫訳、白水社、一九七四年、一三一頁。

（一四）B. Russell, Principles of Social Reconstruction, op. cit., p.25.
（一五）M・J・ランゲフェルド『よるべなき両親』和田修二監訳、玉川大学出版部、一九八〇年、四六頁。
（一六）J・H・ヴァン・デン・ベルク『人間ひとりひとり』早坂泰次郎・田中一彦訳、現代社、一九七六年、一七一頁。
（一七）B. Russell, On Education, op. cit., p.69.
（一八）B. Russell, ibid., p.69.
（一九）B. Russell, ibid., p.69.
（二〇）B. Russell, ibid., p.69.
（二一）B. Russell, ibid., p.69.
（二二）B. Russell, ibid., p.69.
（二三）B. Russell, ibid., p.69.
（二四）B. Russell, ibid., pp.69-70.
（二五）B. Russell, ibid., p.69.
（二六）S・ボク『嘘の人間学』古田暁訳、TBSブリタニカ、一九八二年、三二頁。
（二七）B. Russell, On Education, op. cit., p.70.
（二八）市村弘正『「名づけ」の精神史』みすず書房、一九八七年、一〇頁。

（二九）B. Russell, On Education, op. cit., p.70.
（三〇）B. Russell, ibid., pp.23-24.
（三一）P・オスワルト、G・シュルツ - ベネシュ編『モンテッソーリ教育学の根本思想―モンテッソーリの著作と活動から―』平野智美訳、エンデルレ書店、一九七四年、二一九頁。
（三二）M・モンテッソーリ『モンテッソーリ・メソッド』（世界教育学選集七七）阿部真美子・白川蓉子訳、明治図書、一九七四年、九三頁。
（三三）M・モンテッソーリ『幼児と家庭』鷹觜達衛訳、エンデルレ書店、一九七一年、六二頁。
（三四）M・モンテッソーリ、同書、七〇頁。
（三五）E・M・スタンディング『モンテソーリの発見』佐藤幸江訳、エンデルレ書店、一九七五年、五一二頁。
（三六）M・モンテッソーリ『モンテッソーリの教育―〇歳～六歳まで』吉本二郎・林信二郎訳、あすなろ書房、一九七〇年、二九～三〇頁。
（三七）M・モンテッソーリ『こども　教育の再建』夙川幼児教育研究会、エンデルレ書店、一九七六年、二九頁。
（三八）O・ルブール『学ぶとは何か―学校教育の哲学』石堂常世・梅本洋訳、勁草書房、一九八四年、二一六頁。
（三九）B. Russell, On Education, op. cit., p.70.

(四〇) B. Russell, The Autobiography of Bertrand Russell (1914-1944), Allen & Unwin, London, 1968, p.181.
(四一) B. Russell, Scpetical Essays, Allen & Unwin, London, 1952, p.195. 1st ed., 1928.
(四二) K・テート『最愛の人―わが父ラッセル』巻正平訳、社会思想社、一九七六年、一一〇頁。
(四三) M・J・ランゲフェルド、『教育の人間学的考察』前掲書、六三～六四頁。
(四四) B. Russell, On Education, op. cit., p.112.
(四五) B. Russell, ibid., p.70.
(四六) B. Russell, ibid., p.70.
(四七) B. Russell, ibid., p.71.
(四八) R. S. Peters, Ethics and Education, Allen & Unwin, London, 1966, p.28.
(四九) B. Russell, On Education, op. cit., p.70.
(五〇) B. Russell, ibid., p.20.
(五一) B. Russell, ibid., p.71.
(五二) B. Russell, ibid., p.72.
(五三) B. Russell, ibid., p.71.
(五四) B. Russell, Portraits from Memory and Other Essays, Allen & Unwin, London, 1956, p.165.
(五五) B. Russell, ibid., p.169.

（五六）B. Russell, ibid., p.169.

（五七）B. Russell, Principles of Social Reconstruction, op. cit., pp.245-246.

# 四章

# 学校

## 一　教育の理念

ラッセルがニールと同じ時期、わずかの期間ではあったが、広大な自然のなかに学校、ビーコン・ヒル・スクールを設立し、自らその教育に当たったことはほとんど知られていない。そのため、本研究が先行研究として手にした著書・論文は乏しい。しかも、これらの研究のほとんどが学校の実態と教育の記述にとどまっているか、ラッセルの『教育論』との関連でとらえられている。教育は理念に照応し、理念の照射によって顕在化するのであって、ラッセルの学校教育は教育論のみならず、哲学、そして形而上学的照射を経て明らかになる。[一] かくして、本研究は、ラッセルとその夫人（ドーラ・ラッセル）及びその娘で当学校の児童であったテートの手記をもとにビーコン・ヒル・スクールの教育をとらえ、それが子どもをどのように育て、どこへ導こうとしたのかをラッセルの哲学及び形而上学に照らしながら明らかにする。[二]

ラッセルが教育に関心をもったのは、ビーコン・ヒル・スクールの設立の一〇年前である。このときラッセルは、『社会再建の諸原理』（一九一六）を著し、そのなかで教育に一章を割いている。学校設立までの一〇年間、ラッセルは保育・児童教育に関心を示し、教育の思想・諸理論、幼児心理学の著書を渉猟している。それらは、ルソー、フレーベル、ペスタロッチ、アーノルド、デューイ、フロイト、アドラー、ピアジェ、ワトソン、シュテルン、グロース、モンテッソーリ、マーガレット・マクミランなど、枚挙にいとまがない。だが、ラッセルはこれらの教育思想・理論、その実践においても納得することができなかった。

かつて、ランゲフェルドは、子どもについてこう語ったことがあった。

……ライプニッツのような哲学者たちは、物質、植物、動物、人間をそれぞれ部分として一つの連続的統一を形成しているような整然と一貫した宇宙を考えた。ここではもはや人間と物というデカルトの二元論は受けいれられない。そして一つの哲学的な連続性の理論の中で、子供を動物でもなければ人間でもないような一個の独自な存在として哲学的に理解する……(三)

ここで、ランゲフェルドは子どもが宇宙の形而上学においてとらえられていたことを語っている。こうした子どもの形而上学的見方はラッセルにも見られる。

崇敬の念のある人は、子どもを型に入れて作る（mould）ことを自分の義務と思ってはいない。その人は、生きているもののすべてに、しかもとりわけ人間に、そしてそのなかでも子どもに、神聖な、名状しがたい、無限の何ものか、独自かつ不可思議な高貴あるもの、生命の成長原理、世界の黙々たる努力が具体化された断片というものを感じる。(四)

もちろん、このような感情は、「理性的な根拠からはとても弁証することはできない（五）」が、この形而上学がすべての生きものを支えている。それゆえ、ラッセルはこう語る。

人間の利益が、動物自身の利益よりも格段に重要だとみなすに足る客観的理由は、何一つない。動物がわれわれを滅ぼしうるよりも一段と容易に、われわれは彼らを滅ぼしうる。これがわれわれの優越性の唯一の実質的根拠である（六）。

したがって、ラッセルにとって、バッタの脚をもいだり、カエルに石を投げたり、ダンゴムシを手でつぶしたりするような、「動物にたいする残酷さは、男の子の場合いくらか自然のものであるが、それを防ぐには、それなりの教育が求められる（七）」のであった。「子どもには生命の尊重が教えられねばならない。あなたが動物を、たとえ、スズメバチやヘビでさえも殺しているところを見せてはならない。どうしてもそうするほかに仕方がないときには、これは特別な場合で、そうした理由を非常に慎重に説明しなければならない（八）」のである。かく見れば、ラッセルの形而上学には仏教的気圏のようなものが現われている。ラッセルにおいて、子どもと生きもの、すなわち人間と自然とは連続している。これは、人間と自然とを非連続とする見方に立って主張される人間と自然との共生の思想を超えている。この形而上学によって、ラッセルは他の教育思想や理論、その教育、たとえばルソーに端を発する進歩主義の教育やトマス・アーノルドたちの伝統的な教育と一線を画することになる。ラッセルは、教育の消極論を評価しながらもこう語る。

教育の消極論は、それゆえ、真理についての多くの重要な要素をもっていて、感情に関するかぎりほとんど正しいのであるが、知的・技術的教育に関してはそれが完全であるとは言い難い。これらに関しては、さらに積極的なものが必要である。(九)

かつて、ピーターズは、教育のあいまいさについてこう語っていた。

教育は、人びとが、自分たちは何を達成しようとしているかについて、かならずしもはっきりしないまま非常なまじめさで従事する領域、しかも、それは真の達成が得られ難い領域である。(一〇)

そもそも、教育のみならず自由とか訓練、消極、積極といった概念は幾何学の公理のように、完全なものではない。これらの概念は定義されてもすべてを包みこむことはできない。教育の積極論及び消極論の哲学的基礎となる経験論と合理論についてもそれはいえる。ちなみに、ルブールは次のように語っていた。

経験論ならびに合理論の誤りは、学ぶということを是が非でも説明しようとしたことにある。

だが、学ぶということは本来説明のつかないことがらであり、人間の理解力はそれ自体理解しえないものであるということを、いさぎよく認めなければならないであろう。(一一)

以上の論考は、ラッセルの形而上学に通底している。ラッセルは、「人間は樹木のようにその成長のために正しい土壌と抑圧からの十分な自由を求めている」(一二)として、次のように語っていた。

　しかし、人間の成長に求められる土壌と自由とは、樹木の成長に求められる土壌と自由よりも、発見し達成することがはかりしれないほど困難である。しかも望まれうる十全な成長というものは定義することも論証することもできない。それは微妙かつ複雑で、ただ繊細な直観によって感受し、想像力と敬意によっておぼろげにふれることができるにすぎない。(一三)

ラッセルにおいて、子どもを教育するということは、終局には繊細な直観、想像力、そして生命あるものへの敬意に支えられ、それによって果たされるのであった。したがって、かつてアラン・ウッドは、「ラッセルの教育思想は、新しい心理学者に由来する学説とかれ自身の良識とのあいだをたえず動揺していた」(一四)と評していたが、それはラッセルの教育が形而上学を有していることを看過した皮相な理解である。真の教育は、精緻な教育理論や常識からではなく、それを超えた形而上学的な理念から現われる。それゆえ、教育の合理論や消極論、経験論や積極論のいずれにたつか、あるいはそのどちらでもないかという問いはラッセルの教育に対する問いにはならない。

## 二　学園の開設

保育の実践において、ラッセルは自分の三歳の息子をモンテッソーリ式の保育園に入れた経験があり、その園を評価していた。ラッセルは、こう語っている。

私は、いままでモンテッソーリ夫人はしつけ（discipline）を省いていると見ていたので、彼女が部屋いっぱいの子どもたちをどのようにあつかっているのか不思議に思っていたが、彼女のやり方についての説明を読んで、しつけがやはり重要な位置を占めていて、しつけを省く試みは全くなかったことがわかった。(一五)

ラッセルは、「正しいしつけは、外からの強制ではなく、望ましくない活動よりも望ましい活動へと自発的にみちびいていく心の習慣にある」(一六)と語り、モンテッソーリがそれを実践していることを評価している。

ここで、ラッセルは、保育園について語る。

現在、両親の地位に応じて、二種類の学校がある。富裕層の子どもたちにはフレーベル式の学校とモンテッソーリ式の学校がある。また、とても貧しい子どもたちのためにはわずかの保育園がある。後者のうち、もっとも有名なものは、マクミラン女史の保育園である。(一七)

マクミラン女史の教え方は、だいたいモンテッソーリ式教育法の線にそっていて、モンテッソーリ同様、マクミランも子どもの学習には大きな成果を出している。だが、ラッセルはモンテッソーリ式の保育園を全面的に評価しているわけではない。とくに、三・四歳の子どものあそびについてはそうである。ラッセルによれば、子どもは建設と成長を求めるものであり、子どもにとって、こうした活動はいつもあそびやまねごととして現われる。ラッセルは語る。「あそびやまねごとは子どもの活気にみちた要求であるから、子どもが幸福で健やかであるべきだとすれば、このような活動に何か役立つものがあるかどうかにかかわらず、そのための機会が与えられねばならない。(一八)」ラッセルは、何か役立つものを学ばせることよりも、子どもが要求する活動の機会を与えて、子どもがそこで楽しくあそぶことを求めている。このことが建設と成長の喜びを生むという。

ラッセルがあそびとまねごとを並列して語っているのは、本来、まねごともあそびであるが、まねごととしてのあそびに特別の意味合いをおいているからである。それは、まねごとが空想や想像力を育むということにある。ちなみに、想像力は、イギリス経験哲学の根本概念であって、それは教育においても重要なものであった。たとえば、ヒュームは、「記憶、感覚、そして知力も、それゆえそのすべてが、想像すなわちわれわれの観念の活力に支えられている」(一九)とした。

この想像力は、子どものあらゆるあそびのなかで現われる。たとえば、ランゲフェルドは、「一枚の板は遊びに際してたちどころにその意味をひとつの街道から生垣へ、橋へ、荷車へと変えて行く」(二〇)と語っていたが、子どもにとってあそびは、想像力の飛翔であるから、大人の立場でそこに教育的意図を持ちこんではならない。この点で、モンテッソーリ教育は批判されている。ラッセルの『教育論』(一九二六)は語る。「モンテッソーリの教師たちは、子どもたちが自分の使っている道具を汽車や汽船などに見たてるのを好まない。これは『混乱した想像』と呼ばれている」(二一)と。ここでは、教師たちは、道具はそれを使って何かをつくるためのものであると見ている。道具は学習のための用具であって、これで楽しんではならないのである。楽しみは学習をうまくやるための手段にすぎない。しかし、子どもにとっては、道具はあそびの用具である。道具はあそびそれ自体のためにある。「ほんとうのあそびにおいては、喜びが重要な目的である。」(二二)これと同じようなことをラッセルと親交のあった、サマーヒル・学校長のニールもラッセルへの手紙のなかで語っている。

わたしは、厳格な道徳目的をもって激しい婦人協会員が作った組織には賛成できません。……わたしは、規律正しさには何の美徳もないと思います。わたしの仕事場はいつも汚れていますが、趣向は違います。わたしの子どもたちは、思春期頃になるまでは規律などには全く関心がありません。先生の子どもたちも五歳ぐらいでは、モンテッソーリの器具に用がないことがお分かりになると思います。どうして、その器具を使って、汽車をつくってはいけないのですか。わたしは、このことで、数年間、モンテッソーリの首席代理マカロニ夫人と論じ合いました。それは、わたしたちのものの見方をゆがませる、学問への恐ろしい態度ではありませんか。要するに、汽車はひとつの現実ですが、わくにはめこむことは全く人工的です。……モンテッソーリは子どもを指導したがっています。(二三)

ラッセルやニールにとって、子どもが道具を汽車に、自分を巨人に見たてたりすることは混乱した想像ではなく、まして、大人たちをあざむくためのうそでもない。シセラ・ボクは、「私はうそを欺く意図で述べられたメッセージと定義したい」(二四)としていたが、子どもには大人を欺く意図は全くない。子どもにとって、それは真理である。「真理を事実と混同するのは危険な誤りである。」(二五)ラッセルもニールも、モンテッソーリの指導理論ではなく彼らが実際に見た指導の実際を批評している。彼らは、少なくとも幼児期においては、学習よりも自由な遊びを重視しているので、こうした批評になっている。もっとも、哲学的探求を進めるならば、ラッセルはヒュームの経験論に近く、その理論の根底は想像力であったのであり、しかもラッセルには汎神論的形而上学がある。ここには、キリスト教におけるような人格神はいない。これは、結果として新旧いずれのキリスト教系の学校とも、したがってモンテッソーリやアーノルドたちの教育とも決定的な違いを生むことになる。

ラッセルと同様に、ドーラ夫人はこう語る。

当時、流行していた三つのRを教えるための各種の方法を見学したが、教育の目的が子供たちをそこにはめこむような型を決定することだとは思われなかったし、その目的にそうように企画された教材を信用することもできなかった。このようなモンテッソーリの教材は、その殆どが数字や読み方、書き方を教えるためのものだったが、あまりにも厳密すぎるように思われた。私たちはマクミラン方式を選び、あらゆる種類の教材を子供たちに渡して、それを使って子供たちが自分自身の道をみつけるようにした。(二六)

さらに、ドーラ夫人は語る。

私たちの見解では、ごく年少の頃に自由を与えられ、それを理解することが、成長してから自己規律を自然に持つようになる。しかし古いタイプの厳格さや抑圧は、やがて大人になって妨害、混乱しそして反抗的態度を取らせるようになるだろう。(二七)

ドーラ夫人によると、子どもたちには「行動し、感じ、世の中や仲間の友人たちを観察する期間がある」。それは「抽象の前の具象」の期間である。ここで子どもたちは自分自身の道を見つけ出す。このことは、

現代の教育者たちが「明らかにほとんど完全に見落していること」であった。(二八)

続いて、ラッセルは児童の教育について語る。「われわれの、技術的に複雑な文明では、人は若い時に単純な訓育を十分に受けなければ、重要な役割を果たしえないと思えた。」(二九)「私は、ありきたりの教育を好まなかった。また、たいていの学校で『進歩的教育』と呼ばれているものには、純粋に教育的な面で欠陥があると思った」(三〇)。要するに、「私たちに満足できそうな学校は一つとしてなかった」(三一)。

ラッセルにとって、既存の教育理論にはそれぞれ限界があるものであったし、現行の学校教育も満足できるものではなかった。かくして、ラッセルは語る。「一九二七年、私とドーラ（妻）とは、私たちが最良と考えるやり方で、自分たちの子どもを教育できるように、私たち自身の学校を設立することにした」(三二)。

## 三　自然の学園

バートランド・ラッセルは、妻のドーラ夫人とともに、一九二七年ビーコン・ヒル・スクールを設立した。この学園は広大な自然のなかにあった。ロンドンから五〇〇マイルの地、南英サセックスのサウスダウンズである。学校は、ラッセルの兄フランクのテレグラス・ハウスという電信館を借り受けて改装されたものである。これは丘の上にあって、ジョージ三世時代にポーツマスからロンドンに通信を打電していた回光信号所の付属施設であった。建物自体は、不恰好で、非能率的で、ばかげたものに見え、何の計画もなしに地上に拡張されていた。そのおかしな建物の中に奇妙な四角の塔があり、その一番上に四方が見渡せる四つの大きな窓のついた部屋があった。そこからは東西南北に広がっている原野や森林があり、その向こうには海が見え、水平線上にアメリカ行きの定期船が往来していた。この四角の塔の部屋がラッセルの書斎で、同時に歴史の授業をする教室であった。要するに、学園の建物は学校のかたちを為していなかったのである。

学園の周りには二三〇エーカーの原野が広がっていて、ヒースやわらびが密生しているほかは壮大なブナの林、巨大なイチイが繁茂する原生林があった。そこには、鹿やあらゆる種類の生きものがたくさん住んでいた。学校に一番近い隣家といえば一マイルほどのところに二・三の農家があった。一番近い町までは一〇マイルあった。東の方の高原は五〇マイルにわたって樹木が全く生えていない高原が広がり、小さな歩道がずっと続いていた（三三）。

ラッセルの学園は、人里離れた、あたかも陸の孤島の様子を呈している。時たま、教育関係者やジャーナリスト、また週末に子どもの保護者の訪れを見るくらいである。それゆえ、一見してビーコン・ヒル・スクールは一般の学校とはかけはなれている。建物も学校らしくもなく、広大な自然に抱かれた学校はその中に埋没しているかに見え、それは学校よりも学園と称するにふさわしい。ラッセルは、学園を開設するにあたって、熟慮を重ねている。そのことは、『教育論』（一九二六）の第一七章、『教育と社会秩序』（一九三二）の第五章「家庭と学校」でも論じられている。すなわち、そこでは「就学年齢は何歳が適当であるか、学校は、通学制がよいか、寄宿制がよいか」が検討されている。その結果、三歳から六歳くらいの子ども二〇名ほどの宿舎制の学校を開設した。ピーターズによると、「われわれの幼児教育の概念は、フレーベルの理想によって大いに影響されてきたものであり、ここでは二〇名以上のグループは決して考えられなかった」(二四)とあるので、二〇名というのは当時の基準に合わせたものであろう。学校の構成員は、子どもたちに加えて、ラッセル夫妻のほか四・五名の教師、寮母、必要な時に訪れる子どもたちのための医師(非常勤)であった。

ここでは、広大な自然が、人間の営みを圧倒していた。ビーコン・ヒル・スクールに三歳のとき入園し、一二歳までそこで学んだラッセルの娘テートは、こう語っている。

ビーコン・ヒルの野外生活には、わたしたちのうちのそれを楽しめるだけたくましくなったものたちに与えてくれる多くの楽しみがあった。原生林は楽しみを探し求めたり、探り出したりするのに恰好の場所で、そこは野外体育館だけでなく、動物や植物の世界を研究するための野外実験室も提供した。

テレグラス・ハウスには、それぞれ少なくとも一マイルの長さの私用車道が二本あり、そのうちの一本はめったに車が通らなかった。わたしたちはそれを、大部分草が生えていたので、「グリーン・ドライブ」と名づけた。そのはるか向うの端で、わたしたちは森の中に枝のない真っすぐな若いアッシュの木を見つけ、ロープのようにそれに登った。かなり高くまで登ると、その木がたわんでわたしたちを地上に戻すのだった――しかし手を離すときにはすばやく飛び離れなければならなかった。木がかなりのスピードで真っすぐにはね返り、先端の枝で顔をピシッと打たれる可能性があったからである。森の中ではテンやキツネやヘビを見た。そして、丘の上ではウサギの群生地、長い耳とけばけばしい尾の動物が住んでいるトンネルや築山の大都会を。わたしたちは、二月にはユキノハナ、春にはウッドアネモネやプリムラや甘い香りのするスミレ、秋にはハシバミの実やセイヨウブナの実、セイヨウヒイラギやスピンドルベリーをどこで探し出せるかを知っていた。わたしたちは、春にはツバメたちが戻ってくるのを見るために外に出、眠気をおぼえる日向でカッコーが鳴くのをきくために外に出た。(三五)

**これによると、ビーコン・ヒルは子どもにとって、自然の学園で、しかも自由な楽しい楽園のように見える。だが他方では、自然は子どもたちを抑圧する。続いて、テートは語る。**

新鮮な空気は不可欠のものとみなされた。わたしたちは野外で多くの時間をすごし、あらゆる天候のもとで長い散歩に出かけた。わたしは、自分のブーツの中のしびれた冷たい足のみじめさ、自分が街道を骨を折って歩いているときにグループの連中が次の丘の向うに消えるのを見て感じた淋しさ、自分の首にしたたり落ちる冷たい雨などをどんなによくおぼえていることか。わたしたちはこうした遠足に行くのを拒否することができたはずだったが、だれも一度もそうしなかった。野外授業や自然研究や外で寝るための折り畳み式ベッドもあった。あるグループはよく、ベッドを適当な場所まで運んで行って、寒くないように毛布にくるまり、星を眺めながらそこで寝たものだった。そういうときは、いつも虫がやってきた。下からはアリやハサミムシが這い上がり、空からはハエやブヨがぶんぶん音をたてながら降りてきた。それからいろいろな音、やぶの中のきいきいという音やかさかさという音、遠くの夜行動物の叫び、風のうめきとつぶやき。闇は完全だった。雲が星々を吹き払い、雨が毛布の上に静かに降った。ほかのあらゆる恐怖に耐えるほど勇敢な子供たちも、大ていはこの場所をあきらめ、毛布を持ってこそこそと家に戻った。[三六]

子どもたちが自由に自然のなかで調べ、遊ぶことができるということは、同時に自然の抑圧を受けることである。かつてバーリンは、「自由とは、少くとも政治的な意味では、弱い者いじめ・抑圧の不在と完全に重なる」[三七]と述べたことがあったが、広義には自然も抑圧する。自然はすべての子どもを見境なく抑圧する。体力がなく、幼い子どもには、その抑圧は大きい。だが、これはいじめではない。自然の抑圧は教育における子どもの自由の外にある。もし、自由がすべてのことからの抑圧の不在であるとすれば、自然の抑圧を完全に取り除くことはできない。子どもも自然であるからである。それゆえ、子どもは自然の恵みとともにその抑圧、いわば軛《くびき》をうけて育つ。

## 四　寮の生活

子どもは「独自かつ不可思議な高貴あるもの」であったのであり、それゆえラッセルは、「人格に対する崇敬の念こそ、あらゆる社会問題、とりわけ教育における英知の始まりである」(三八)と語った。このラッセルについて、娘のテートはこう語っている。

父はいつも、子供たちを尊敬をもって、対等の人間として扱い、大ていの人ならそれには彼らはまだ若すぎると思うような、おとなの楽しみを提供した。若者を堕落させるどころか、この扱い方は、彼らを喜ばせて、父が彼らに期待していた責任ある行動にみちびいた。(三九)

このため、学校全体が民主的に活動できるようにされた。すべての人びとの自由と平等、自主、自立が課題であった。

こうして、学校では、教師と子どもたちで学校審議会がつくられた。園内の年上の生徒で、特に寮宿舎生が規則をつくり、それが守られているかどうかを監督する責任を持つべきだと思われたからである。(四〇)この学校審議会は、子どもたちと教師の全員で構成され、それぞれが一票をもっており、健康問題を除く、すべての規則をつくることができた。子どもたちの方が数では教師を上回っていたので、投票で教師たちに勝つことはできたが、大ていは、自分たちより先生の方が知恵や経験の方ですぐれているのが分かっているので、その勧告を受け入れていた。一度だけ、子どもたちは一定期間、試験的に全規則の廃止に投票したことがあったが、その結果、ひどい無政府状態になったので、もとの規則に喜んで戻ることにした。

学校審議会は、子どもたちが共同生活をしながら、民主主義的な自治によって規則をつくり、自立する人間に成長することが期待されている。子どもたちの行為が規則に反したりすれば、学校審議会で批判的に議論される恐れがあった。学校審議会への期待は、道徳的風潮をいちじるしく緊張させ、子どもたちを息苦しくさせることがあった。ある子どもの提案により、「口論を決着する手段としての殴り合いを禁止する」という規則を作った。それ以後、喧嘩がはじまると、子どもたちは相手に向かって、「これは審議会が認めないんだ」と叫ぶようになった。「わたしたちは、無責任に怠惰であったり意地悪をしたり、自分たちの行動の結果を制御するために先生たちを頼ったりすることは絶対にできなかった」(四二)とテートは語る。

寮生活で子どもたちが守らねばならないのは健康に関することだけであった。ここでは、男の子も女の子も対等に扱われ、共に粗野な生活をし、粗末なものを食べることができるようになることが望まれていた。一室に五つか六つほどのベッドがあり、一人ひとりが着るものや私物をおく場所があった。部屋は、敷物もカーテンも天井からぶら下がっている電球のシェードもなく、がらんとしていた。このため、こわす心配のある品物がなく、邪魔なものでごったがえすこともなかった。子どもたちは、いつも窓を開けて眠り、天候がどうであろうと毛布は二枚までであった。雪の降る時もそうであった。朝になると、バスルームで、冷たい水しか出ないシャワーを一列に並んで浴び、洗たくもしなければならなかった。子ども用食堂での食事は滋養分に富んでいたが、いつも歯のことを考えて、堅いかちかちのパンが出された。それゆえ、ビーコン・ヒル・スクールの生活は、ラッセルがたびたび、トマス・アーノルド(四二)をひきあいに出して批判してきたパブリック・スクールの寮生活以上に、粗野かつ粗末であった。(四三)ビーコン・ヒルの子どもたちは、とくに冬になると、ひび、しもやけ、かぜ、熱で苦しみ、かかりつけの医師の処置を受けねばならなかった。ラッセルは、こうした子どもの状態を知っていたが、これは、ビーコン・ヒル以外にも一般に見られる普通の生活であって、このことに対しては楽観的であった。子どもの健康のための生活、食事、睡眠、清潔、洗顔、手洗い、歯みがきなど、規則正しい日課が守られていれば、子どもの病気はそのうち回復に向かうものと見られていた。

もちろん、健康を害する夜ふかしや悪い食べ物は禁じられたが、行儀作法のようなものは一切課せられなかった。健康は子どもの生命そのものに関わることであり、行儀作法はいずれ学ばれる社会習慣であるからである。そのため、食事のときのお気に入りの楽しみは、少量のバターをナイフの先につけて、それを天井にはね上げることであった。それが天井にくっついて、とけると灰色の油の滴になって落ちていた。食事のマナーもあいさつなどの礼儀作法も子どもたちが生活の中で自分で身につけると考えられていた。

ラッセルは語る。「性格の形成において最も重要な要因のひとつは、幼年時期および青年期において、各個人に現われる集団の影響力である。」（四四）広大な自然の中における子ども集団の寮舎生活はこのことを踏まえて生まれている。だが、ニールのサマーヒル・スクールと同様、ビーコン・ヒルでも、およそ子どもの集団があるところでは、よく見かける問題が生まれている。それはいじめである。いじめは、自然の抑圧と違って、真の意味での自由の不在、すなわち抑圧である。ラッセルは語る。

子どもたちを自由にさせておくことは、テロの支配を作りあげることであった。そこでは、強い子が弱い子をいつも震えあがらせ、みじめにした。学校も世界も同様であって、統治だけが野蛮な暴力を防ぐことができる。そのようなわけで、私自身、子どもたちの授業がないときに、残酷な行為をやめさせるために、いつも監督せざるを得ないことが分かった。（四五）

学校における子ども集団のなかで、自由は重大な問題となる。この自由は、最小限の自由、すなわちいじめという抑圧がないことの謂である。ラッセルはくりかえし語る。

もしその人が親切で寛容であっても、学校集団が残忍かつ狭量のまま放置されるならば、教師の指導下にある子どもは、教師に長所があるとしても、苦痛にみちた環境に置かれるであろう。ある種の近代学校に見られる無干渉説は、このような欠陥が起こりやすいところにまで来ていると思う。（四六）

もちろん、このような事態は、ニールのサマーヒル・スクールでも見られたことであって、特異なことではない。ラッセルは、この事態を看過していたわけではなく、それを楽観的に見ていた。ラッセルは、「克己心（stoicism）が人生において占める役割は、最近とくに進歩的教育者たちによって軽く見られている」[四七]と語ったことがあったが、宿舎の事態にもそのような「自立（self-direction）」[四八]の可能性を期待していたといえる。けだし、陸の孤島のような広大な自然のなかで寝食を共にする生活は共同と協力と自立を次第に育むからである。

## 五　学びの自由

ビーコン・ヒル・スクールでは、どのような問いをすることも自由であった。「すべての知識はよいものであって、これに対してはいかなる例外も認められない」[四九]のであった。つづいて、ラッセルは語る。

私の学校では、どのような知識であれ、知識に対する妨害はないであろう。私はうそやいつわりではなく、感情と本能の正しい訓練によって徳を求めるであろう。私が望んでいる徳においては、恐怖や制限のない知識の探求こそが本質的な要素である。これがなければ他のものはすべて価値

を失うであろう。(五〇)

ラッセルにとって、教育するからには教科を教えることは当然であるが、そのためには子どもの興味、関心、自発性が最大限にのばされねばならなかった。したがって、教育における自由は自発性としての自由の謂である。こうして、性に関する問いかけもありのままに答えられた。子どもたちは、性について言いたいことは何でも言い、どんなことでも質問し、異性の仲間たちと隠すことなしに自分たち相互の違いを比べることができた。そうした会話を下品だといわれたことも、禁じられたこともなかった。普通の学校から来た新しい子どもたちは、争いのとき、自分たちの知っているすべてのわいせつなことばを使ってののしり合った。ビーコン・ヒルの子どもたちは、それが何の印象も与えないことがやがて分かるだろうと思いながら、楽しそうに耳を傾けたという。ただ、親しい友人はやはり同性であった。それは自然にそうなっていた。

子どもたちは、自分の思いや意見を表明することも自由であった。教師の授業に対して、「あなたの授業はつまらない」ということも、「あなたはとんまね」ということもできた。テートは、学園の教師についてこう語っている。

先生たちは奮闘的な生活を送っていた。彼らは受持ちの教科に精通していて、わたしたちがむりなくおぼえられるようにそれを十分におもしろいものにしなければならなかっただけでなく、ハイキングにわたしたちを連れて行くことや、わたしたちの食事や遊びの監督までしなければならなかった。そしてかりに自由時間がいくらかあったにしても、どこへも行くところがなく、さらに同じことをする以外、することもなかった。彼らをバックアップするちゃんとした権威ある組織もなかったから、絶えず質問をするように、そしておとなのたんなる命令はいっさい受け入れないように訓練され奨励されている子供たちを前にして、先生たちが頼れるものといえば自分自身のパーソナリティの強さだけだった。耐え抜いて成功したものはわたしたちの尊敬と愛情をかちとり、そうでないものは屈辱と絶望のうちに去って行った。(五一)

ラッセルは語る。「教育における自由(freedom in education)には多くの面がある。第一に、学ぶ自由・学ばない自由がある。次に、何を学ぶかについての自由がある。そして、後の教育になると意見の自由がある」(五二)。第一の自由は、学ぶこと・学ばないこと、したがって学ぶことと学ばないことの自由である。第二の自由は、学ぶ対象の問題であり、学びたいものを学び、学びたくないものは学ばない自由である。最後の自由は、違ったことを表現することに制限がないこと、すなわち意見や表現の自由である。ここで、ラッセルは、学習において自由は際限がないことを語っている。この自由は、学習における自発性、欲求の謂であって、これは最大限に守られねばならない。ラッセルにとってこれは可能なことであった。すなわち、ラッセルによれば、優れた教師は子どもの「自由の原則を侵犯せずに、教育者としての権威をふるうことができる」(五三)。その要諦は授業を楽しくすることにつきる。

ラッセルは教師を尊重し、仕事の負担が大きくならないように考慮している。「過労になっている教師が子どもに生来の親しみの感情をもつことは全く不可能である」「教育は、一日のうち最大限二時間でなければならない」(五四)と。また、「牧師は毎日数時間説教することを期待されてはいない。だが、それと同様な努力が教師にも要求される。」(五五)だが、テートによると、教師の負担は決して軽くなかった。教師は、自然のなかで寮生活をする子どもたちと離れていることは難しかった。授業以外にも子どもたちに常時、接することになる。

授業には、科学、算数(これだけに教科書があった)、解剖と文学、演劇、フランス語、ドイツ語、歴史、歌とピアノ、ダンス、美術、そして随時野外での観察、実験があった。算数と歴史はラッセル、フランス語とドイツ語はドーラ夫人の授業であったという。娘のテートによると、(五六)ビーコン・ヒル・スクールでは、これらの授業に出たくなければ出なくてもよかった。ただ、子どもたちが外に出てもあまりすることもなかったし、どの授業も大ていおもしろかったので、みんな授業をこころ待ちにしていた。学習は競争的なものではなかったし、試験や格付けによってお互いに比べられたこともなかった。それぞれが、どんな学習の成果であれ、惜しみなくほめ賛えられた。他の子どもがほめられても、自分たち自身の価値が減じられるということはなく、むしろ他の子どもの成功によって心を動かされ励みとなった。ビーコン・ヒルの授業はいつも楽しいものであったが、そのなかで、とりわけ科学と演劇の体験をテートは思い出深く語っている。(五七)まず、科学の授業、これは、校舎と別棟の科学実験室で行われ、ここには作業台、棚、流し、ブンゼンバーナー、それにあらゆる種類の設備が備えつけられていた。若い男性の教師は、だじゃれを言いながら、マジック・ショーのように実験をして見せ、自然の神秘を明らかにして見せた。子どもたちは、水や火や空気の秘密を発見したことでぞくぞくするような感動を覚えたという。実験の方法を知ると、子どもたちは自分で実験をすることが許された。そのために材料を暗記し、その結果をノートブックに記入することはいやなことではなかった。教師は、子どもたちに危険な材料を慎重にかつ自信をもって扱うことを教えた。こうして、子どもたちは、火や酸、花火などの危険を知り、安全に扱う方法を学んだ。子どもたちは、学期の終わりに親たちに科学ショーを見せた。一人ひとりが、学習した実験をして見せて親たちをびっくりさせたことで、自信を与えられた。また、授業の他に学校では動物を飼育して繁殖する実験をしたが、これはどれも成功しなかった。

演劇に関与したのは、解剖担当のベティという女性教師であった。この教師は解剖のほかに野外での植物や動物や昆虫について教え、エンサイクロペディア・ブリタニカの引きかたを教え、それから学んだことを書くことを教えたという。また彼女は、話を読んで聞かせ、子どもたちから感想を聞き、彼女の助言のもとで子どもたちは自分でたくさんの話をつくり、挿絵入りで多くの種類の物語を書いたという。このベティについて、テートは語る。

ベティがわたしたちのためにしてくれた価値あることは、毎学期末に演じられた芝居の組み立てにさいして司会をしてくれたことだった。その芝居はいつもわたしたちのもので彼女のではなく、わたしたちは、彼女はただわたしたちのためにそれを記録してくれるため、わたしたちがそ

れについてきくことがあれば助言をしてくれるためだけにそこにいるものと思っていた。(五八)

子どもたちは、ベティの教室兼図書室で、芝居を書いたという。テートは、その時の様子を語っている。


「今学期は何にする?」

「洞穴人の芝居をしよう!」

「だめよ、それはもうやったじゃないの。ギリシア劇はどう?」

「それは先学期にやったローマ劇に似すぎているよ。エジプトの芝居をやって、あの気味悪い動物の頭をした神様たちを全部登場させよう。」

「そうだ、それにしよう。」

「そうだ……そうだ……そうだ。(五九)」


そうした芝居を書くためには、わたしたちは古代エジプトの信仰、神々や人々の名前、彼らが身につけるいろいろな種類の衣裳などについて理解しなければならなかった。わたしたちは、死や審判の儀式が書いてあり、あらゆる奇妙な神々の絵が載っている『死者の書』を利用し、つぎにコスチュームや舞台装置をつくるのに必要な情報を準備するために例のエンサイクロペディアを使った。わたしたちは衣裳を縫い、背景を描き、自分たちの役をおぼえ、まじめにリハーサル

をして、はじめて、やっと学期末に親たちのために演じてみせる準備ができるのだった。(六〇)

演劇は、知識や表現の学習であると同時に、想像力を育み、しかも子ども集団が生むいじめや抑圧を浄化するものであった。続いて、テートは語る。

わたしたちがすでにかなり練達の劇作家になったときに書かれた、わたしたちの芝居のうちで一番長くて一番野心的なものは、わたしたちが現在おかれている時代と場所のもつ諸困難との劇的な闘争であった。わたしたちの意図は、自分たちが直面している人生の本質を理解すること、そして戦争や不況や機械化の世界で自らを堅持していくための何らかの希望を見つけ出すことにあった。そのテーマは人類と同様に古く、あらゆる世代と同様に新しいもの、すなわち一人の若者が世の中に出て行って自分の人生を意義あるものにしてくれるような職業をさがすというものであった。

「わたしはすぐにも仕事を選ばなければならない」と彼がいう。「わたしはもう二〇歳だが、自分にはいったい何が向いているのかわからない。どうやら、世界はわたしをあまり欲しがっていないらしいのだが、それでもわたしは何かしたいと思っている。ただだらだらとやればいいだけのことでなく、ただ金を儲けるだけのものではない何かをだ。わたしは役に立ちたいし、そのことから楽しみも得たいのだ……。(六一)」

テートは、ビーコン・ヒル開設と同時に入園したが、その時にはまだ四歳未満であった。そして、七年後、およそ一一歳の時に、この芝居が演じられている。テートは語る。

この芝居を書いたとき、わたしたちのほとんどは一〇歳から一二歳だった。わたしたちは毎日を学習や遊びにすごし、そういうおとなの悩みはあとに残しておくように期待されていたのかもしれなかった。だが、わたしたちはまじめ人間で、現代世界の諸問題について熱心に考え、芝居の中で、いろいろな種類の人たちによって提供される解決法を一つずつ取り上げた。(六二)

ラッセルにとって、授業は、子どもたちが好奇心をかりたてられ、それを学ぶことが楽しいものでなければならなかった。その点で、ニールと同様に、モンテッソーリに賛同できなかった。とくに幼い子どもの場合、子どもを指導したがってはいけないのである。ラッセル夫人は「モンテッソーリの教材は、その殆どが数字や、読み方、書き方を教えるためのものだったが、あまりにも厳密すぎるように思われる」(六三)と批判した。モンテッソーリの指導には教科の学習やしつけには優れた効果を発揮しており、教材は読書算のためにあって、それが遊具になってはならなかった。ラッセルは、しつけにおいてモンテッソーリを高く評価したが、学習においては自由を可能なかぎり求めていた。子どもには学習から離れて、教材を遊具に変える自由がある。だが、ラッセルはニールにも賛同できないところがあった。二人とも学習において子どもの自由を可能なかぎり大切にする点では一致していたが、ニールの授業が手仕事中心で、子どもの情緒を重視していたのに対して、アインシュタインに「純然たる知的良心（das schlechte intellektuelle Gewissen）」[六四]と評されたように、ラッセルは知的探求に価値をおき、情緒のなかでも知ることの喜び、いわば知的な満足に力点をおいていた。テートは、そのことを次のように語っている。

両親ともわたしたちに、自分自身の益と人類のためにできるだけ多くの知識を身につけることをのぞんだ。二人はわたしたちが、自然な好奇心を助長することによって、苦しまずにそれを身につけることを可能にしてやろうとはしたが、好奇心が湧かないばあいは、わたしたちを無知なままにしておくよりはむしろ進んで他の誘因を利用した。この点で二人はほかの進歩的な方法の信者たちと袂《たもと》を分かったのであり、この点で二人はすべての教師たちが求めてほとんど見出しえなかった例の自由と学習の結合を成し遂げることで教育に特異な貢献をしたのであった。[六五]

ラッセルの教育理念及び教育の方法は、自由ないし進歩的教育に接近していて、それはイギリスの経験的教育の対極にあった。ちなみに、パブリック・スクールは、生徒を矯め直すために懲らしめの笞を惜しまない。子どもは悪い欲望や衝動に満ちていると見るからである。ミルワードが語るところによると、子どもをきびしく罰するのは、子どもの魂から原罪の根を引き抜くためだと教えられる。幼稚園であれば、園児は悪い行いのお仕おきとして、魔女のかぶる三角帽子のようなものを頭にかぶらされ、教室の隅の壁に向かって立たされる。または、物差しで手の甲をたたかれる。(六六) もちろん、授業において、子どもたちの興味や関心、自発性が考慮されるはずはなかった。同じく、ミルワードは語っている。「ヴィクトリア時代――というよりヴィクトリア時代以前の旧式の学校の先生はよく言ったものである――『生徒に何を教えようと、そんなことは関係がない。生徒がきらいなことさえすればそれでよい』(六七)」と。ラッセルは、このような教育を拒否し続けている。

もっとも、ラッセルは、たんなる自由、進歩主義教育を唱える人びとにも賛同できなかった。この教育は、子どもの自由を尊重することに価値をおくあまり、授業では、子どもが興味や関心を示さないものを避けて、教えないからであった。それは、大事なものを教える努力をさけることになる。また、生活の面では、子どもの間に起こる自由の不在、すなわちいじめを放置しやすいからであった。これに対して、ラッセルは授業をかぎりなく楽しくすることによって自由と学習との結合を為しとげようとした。ラッセルは、教育のどのような理論にも、既存の学校で行われているどのような教育にも賛同することができなかった。そのため、ラッセルは納得のできる教育を行うため、自らビーコン・ヒル・スクールを創設したのであった。ビーコン・ヒルは、学園と称されてよいだけの自然の豊かな、広大な丘の上にあった。この学園で、ラッセルが掲げた目標は、真の個人（individual）にふさわしい自立である。ボードは、論文「ラッセルの教育哲学」（一九四四）のなかで、「結論としては、個人性（individuality）と市民性（citizenship）とは、ラッセル氏の思想においては対立したままである(六八)」と批判したが、ラッセルが語る自立は、市民社会から遊離したものではなく、むしろ社会の現状に義を唱え、社会に創意をもたらすものであった。このことは、ビーコン・ヒルの子どもが自立へ向かって成長していることからも明らかである。

ビーコン・ヒルを囲繞する広大な自然は、子どもたちが遊び、学ぶところであった。ビーコン・ヒルは自然が学校であった。だが自然はそれだけではなく、子どもたちを拒み、いたぶるものでもあった。とくに冬の寒さはそうである。自然は恵みと抑圧、受容と拒否、喜びと苦しみを与える。子どもたちは、この自然によってその抑圧、拒否、苦しみを耐えることを学ぶ。かつてトインビーは「安逸は文明の敵である」(六九)と語ったことがあったが、教育においても安逸は子どもの自立の敵である。子どもは、自然を楽しみながら、同時に自然の軛を負いながら育つ。ビーコン・ヒルの自然は、安逸と苛酷の微妙な振幅に子どもをおき、子どもの自立を育んでいる。

ビーコン・ヒル・スクールの寮生活は、子どもたちが寝食を共にするので、子どもたち相互に摩擦を生み、いじめが現われる。ラッセルは、それを防ぐために監督する(supervise)ことを余儀なくされたが、それでも管理することを避け、できるかぎり、子どもたちを平等かつ対等に扱い、彼らの自由を尊重した。したがって、いじめも子どもたちの自主・自治によって解決しようとした。教師の側からの管理は、やがて罰を伴う抑圧となる。罰の抑圧によっていじめという抑圧を抑圧する、いわば毒をもって毒を制するのは教育ではない。もちろん、ラッセルは、罰をすべて否定しているわけではない。ラッセルは語る。「私の考えでは、罰は、教育においてはきわめてわずかではあるが、ひとつの場所を占めている。」(七〇)ビーコン・ヒルでは、強い子が弱い子をいじめるだけではなく、弱い子もそれなりの仕返しをした。スープの中にピンを入れる子があり、放火が再三あり、先生が子どもたちに与えたつがいのうさぎを焼き殺そうと企て、その火が広がって校舎の一部が焼け落ちたこともあった。このような事態に対しては、イギリスの伝統的教育は笞打ちを惜しまない。聖書の箴言は、「笞を惜しむ親は、子どもを愛していないのだ」とする。笞を惜しめば立派な子どもは育たないというのが一般的な理解であった。ところが、ラッセルは、「残酷さのような性格の重大な欠陥は、罰を用いてはほとんど対処できない」(七一)という。とくに体罰がそうである。かえって、「きつい体罰は残酷さと残虐さを生み出す」(七二)。重大な性格上の欠陥をもった子どもに対しては、忍耐強い説明と他の子どもや動物から引き離して、病気が治るまで安全にしておくと説明するがよい。最終的には、これには学校から離して家族のもとへ帰すことも考えられている。ただ、ラッセルはこう語る。「思いやりを欠いた残酷さは、建設と成長への興味を発達させることによって、最も容易になくすことができる」(七三)。ここには、子どもの成長原理への信頼が見られる。やがて、子どもたちの間に日常的に生じていた摩擦、いじめ、抑圧は、協力、協調、自立へと転じられていく。

授業は、教師と子どもたちの共同創造であった。この創造に、自然から学んだこと、子ども集団で身につけたことが統合されている。それは、子どもたちが自作・自演するかの演劇に象徴される。テートは、ビーコン・ヒルでの七年間を次のような文でしめくくっている。

知的にはそれは傑出しており、わたしはそれらの歳月の中で、これまでどこで学んだよりも多くを、より大きな喜びとともに学んだ。わたしたちのほとんどは、そこでわたしの父から、ほかのどんな学校でも学べなかった、精神を鼓舞する価値あるものを吸収した。

ビーコン・ヒルでの歳月から多くの幸福を思い出す。幼児期のふつうの喜びも、新しい技能をマスターするという強烈な満足も。どんな種類の技能も惜しみなくほめ賛えられた。だから熟達することには、自分自身の誇りと他人の賞賛という二重の喜びがあった。学習は競争的なものでなかったし、試験や格付けによってお互いに比べられたりしたことも一度もなかったから、わたしたちはどのような形ででも、自分たち自身の価値を減じることのない、他人の成功によっておおらかに心を動かされることができた。

わたしはほかの子供たちとの連携における大きな喜びを思い出す。夕暮れの中での乱暴な鬼ごっこの興奮、消灯後にベッドの上で跳びはねる楽しみ、友だちといっしょに秘密の芝居をつくりあげ、学期末の上演に向けてそれにつけ加えて行く喜び。

孤独と不安があの7年間全体を通じてわたしの親しい仲間であったとはいえ、わたしにはそれらが、わたしたちが享受した知的興奮、美、学ぶことの爽快さに支払った代価としてそれほど高すぎたとは思えないのである。(七四)

子どもたちが一〇歳から一二歳のときに書きあげた演劇の脚本の「一人の若者が世の中に出て行って自分の人生を意義あるものにしてくれるような職業をさがす」という主旨のものは、すでに、子どもたちが自立した人間に育っていることを明らかにしている。ここには、わが国の一四、一五歳の生徒たちにさえもありがちな幼児性は全く見られない。もちろん、ビーコン・ヒルには道徳の授業はなかった。それは、子どもを管理し抑圧すると見られているので、子どもたちのいじめという抑圧をさらに道徳の授業という抑圧で抑圧することになる。それゆえ、これは論外であった。もちろん、キャリア教育、職業指導といったこともなかった。ビーコン・ヒル・スクールでは、子どもたちの自立がすべてであって、それがあるところでは子どもたちの学習意欲が高まり、学習は自ずから進むと見られていた。ビーコン・ヒル・スクールは自然の恵みと軛、子どもたちの葛藤と対立、寮生活の厳しさのなかで、民主的な自治と自由と平等、学ぶことの喜びが教師たちと共に築かれていた学園である。

ウッドは、ラッセルを評して、「プラトン以来、その見解を短く要約することが、これほど困難な哲学者はいない」とした。それは、「あまりにもとらえがたく、難解で、入り組んでいる」（七五）という。これは教育においても言える。ラッセルがビーコン・ヒルの教育で語る自由は、概念としてはとらえがたく、入り組んでいる。だが、この自由は、あいまいなものではなかった。ひとつは学習における自発性としての自由であり、もうひとつは学校集団における、いじめの不在としての自由であった。さらに、もうひとつは自立としての自由であった。ラッセルが、「われわれは子どもに自由を与えることはできないが、自由への準備を与えることができる。これが教育のなすべきことである」（七六）というときの自由は自立の謂である。また、ラッセルが「もし、自由教育がこれを促進するのであれば、親たちは子どもたちのために自由教育がまきこむであろう一時的な苦痛にひるむべきではない」（七七）とするときの自由教育は、自立への教育の謂である。この自立は他者に依存しないということだけではなく、真理へ向かって自ら立つ自由である。ラッセルはそれを「人間の生の外にあって、神・真理・美のような非個人的で、人類を超えたある目的に奉仕されねばならない」（七八）ものと語る。ちなみにブラックウェルはそのことを的確にも「非個人的自己拡大」（七九）と呼んだ。

ラッセルの自立としての自由は、このような形而上学に支えられている。これは、教育においては途方もない課題である。ラッセルは語る。「つねに真実を語ることは偽善に満ちた社会ではひとつのハンディキャップである。しかし、このハンディキャップは恐怖をもたないですむという利益によって十分につぐなわれる。」「たとえ、それが世間的な不幸を招くとしても、いわば富や名声よりももっと大切なもの」（八〇）を与えると。これは、反戦運動で若い時ケンブリッジを追放され、老齢の時（八九歳）には核兵器廃絶を求めてイギリス国防省の前で坐りこみをして逮捕され、禁固刑に服したラッセルその人を語っている。ビーコン・ヒル・スクールはかかる生きた理念に支えられている。もっとも、ビーコン・ヒルの運営にはドーラ夫人も関わっている。ただし、ビーコン・ヒル・スクール設立のとき、夫人は三二歳、ラッセルは五五歳である。それゆえ、学校の理念と教育はほとんどラッセル自身のものである。テートによれば、「ある人たちは、その学校は父のアイディアというより母のアイディアで、父はそのうちのいくつかをただ母を満足させるために黙認したにすぎない、と思う」ようであるが、「これは誤解である」（八一）と語っている。なお、ヘンドリーは、ビーコン・ヒル・スクールについて、「ラッセルの生活と思想は、完全な人間に向かう手立てとしての教育に対して、われわれの信念を取りもどすように鼓舞するはずである[八二]」としたが、ラッセルの学校はこのような理念に支えられた、それを目指すものであった。もっとも、ラッセルはビーコン・ヒルから七年間で退く。経済的負担が大きく、教育が困難になったからである。ピーターズは、ラッセルを評してこう語っていた。「非常に賢明な先覚者が現われうることがあるが、しかし、ルターやバートランド・ラッセルのように、その先覚者が実行の面で無力であったり、その追随者を同調させたりする点で如才なさや抜け目なさを欠いていることもある[八三]」と。こういう結果も教育の理念と深く関わりがあろう。だが、わずかの期間であったにせよ、ビーコン・ヒル・スクールは教育が何であるかを語ってやむことがない。

## 注

（一）ビーコン・ヒル・スクールにふれている研究には、著書に『ラッセル教育思想研究』（高田熱美、創言社、一九八三年）、『Bertrand Russell on Education』（J. Park, Allen & Unwin, London, 1964）、『Dewey, Russell, Whitehead, Philosophers as Educators』（B. P. Hendley, Southern Illinois University Press, 1986）、『ラッセル』（人と思想三〇）（金子光男、清水書院、一九六八年）、論文に「ラッセル教育思想研究」（金子光男、東京家政大学研究紀要、一九六四年）、「バートランド・ラッセルの教育思想の研究」（趙鍾仁、筑波大学博士学位請求論文、一九八四年）、「Dora and Bertrand Russell and Beacon Hill School」（D. S. Gorham, Russell: Journal of Bertrand Russell Studies, n. s. 25（Summer 2005）: 39-76）などがある。だが、いずれも、ビーコン・ヒ

ル・スクールの包括的理解と評価が不透明である。それは評価の確たる視点となる子どもの自立、それを基礎づける哲学ないし形而上学によってとらえられていないからである。

（二）ビーコン・ヒル・スクールの教育については、下記の書物によった。
B. Russell, The Autobiography of Bertrand Russell（1914-1944）, Allen & Unwin, London, 1968. なお、ここにはニールとの往復書簡が含まれている。
D・ラッセル『タマリスクの木―ドラ・ラッセル自叙伝』山内碧訳、リブロポート、一九八四年。

K・テート『最愛の人―わが父ラッセル』巻正平訳、社会思想社、一九七六年。

（三）M・J・ランゲフェルド『教育の人間学的考察』和田修二訳、未来社、一九六六年、二二頁。

（四）B. Russell, Principles of Social Reconstruction, Allen & Unwin, London, 1930, p.147. 1st ed., 1916.

（五）B. Russell, ibid., p.149.

（六）B・ラッセル『人生についての断章』中野好之・太田喜一郎訳、みすず書房、一九七九年、一六四頁。

（七）B. Russell, On Education, Especially in Early Childhood, Unwin Books, London, 1973, p.96. 1st ed., 1926.

（八）B. Russell, ibid., p.96.

（九）B. Russell, Education and the Social Order, Allen & Unwin, London, 1951, p.44. 1st ed., 1932.

（一〇）R. S. Peters, Ethics and Education, Allen & Unwin, London, 1972, p.28. 1st ed., 1966.

（一一）O・ルブール『学ぶとは何か—学校教育の哲学』石堂常世・梅本洋訳、勁草書房、一九八四年、二六七頁。

（一二）B. Russell, Principles of Social Reconstruction, op. cit., p.25.

（一三）B. Russell, Principles of Social Reconstruction, op. cit., p.25.

（一四）A・ウッド『バートランド・ラッセル—情熱の懐疑家』碧海純一訳、みすず書房、一九六三年、二四三頁。

（一五）B. Russell, On Education, op. cit., p.22.

（一六）B. Russell, ibid., p.22.

（一七）B. Russell, ibid., pp.123-124.

（一八）B. Russell, ibid., p.68.

（一九）D. Hume, A Treatise of Human Nature, Reprinted from the Original Edition in three Volumes, Ed. by L. A. Selby-Biggie, M. A., Oxford, at the Clarendon Press, 1928, p.765.

（二〇）M・J・ランゲフェルド、前掲書、六三〜六四頁。

（二一）B. Russell, On Education, op. cit., p.70.

（二二）B. Russell, ibid., p.70.

（二三）B. Russell, The Autobiography of Bertrand Russell (1914-1944), op. cit., p.181.
（二四）S・ボク『嘘の人間学』古田暁訳、TBSブリタニカ、一九八二年、三二頁。
（二五）B. Russell, On Education, op. cit., p.71.
（二六）D・ラッセル、前掲書、三二四頁。
　なお、三つのRはReading, Writing, Arithmetic のことである。
（二七）D・ラッセル、同書、三二六頁。
（二八）D・ラッセル、同書、三二四頁。
（二九）B. Russell, Portraits from Memory and Other Essays, Allen & Unwin, London, 1956, p.14.
（三〇）B. Russell, ibid., p.14.
（三一）B. Russell, The Autobiography of Bertrand Russell, op. cit., p.152.
（三二）B. Russell, ibid., p.152.
（三三）B. Russell, ibid., p.153.
　K・テート、前掲書、一〇一〜一〇二頁。
（三四）R. S. Peters, Ethic and Education, Allen & Unwin, London, 1966, p.79.
（三五）K・テート、前掲書、一一六〜一一七頁。
（三六）K・テート、同書、一一四〜一一五頁。
（三七）I・バーリン『自由論』（第一巻）小川晃一・小池銈・福田歓一・生松敬三共訳、みすず書房、一九七一年、八五頁。
（三八）B. Russell, Sceptical Essays, Allen & Unwin, London, 1952, p.201. 1st ed., 1928.
（三九）K・テート、前掲書、二七四頁。
（四〇）D・ラッセル、前掲書、三二五頁。
（四一）K・テート、前掲書、一〇六頁。
（四二）B. Russell, On Education, op. cit., pp.31-32.
（四三）池田潔『自由と規律—イギリスの学校生活』岩波新書、一九四九年、六五～六六頁。
（四四）B. Russell, Education and the Social Order, op. cit., p.88.
（四五）B. Russell, The Autobiography of Bertrand Russell, op. cit., p.154.
（四六）B. Russell, Education and the Social Order, op. cit., p.96.
（四七）B. Russell, In Praise of Idleness and Other Essays, Unwin Books, London, 1967, p.136. 1st ed., 1935.
（四八）B. Russell, Education and the Social Order, op. cit., p.39.
（四九）B. Russell, Marriage and Morals, Unwin Books, London, 1967, p.52. 1st ed., 1929.
（五〇）B. Russell, On Education, op. cit., p.155.
（五一）K・テート、前掲書、一一七頁。
（五二）B. Russell, Sceptical Essays, op. cit., p.195.

（五三）B. Russell, ibid., p.148.
（五四）B. Russell, In Praise of Idleness and Other Essays, p.30.
（五五）B. Russell, Unpopular Essays, Unwin Books, London, 1968, p.111. 1st ed., 1950.
（五六）K・テート、前掲書、一二〇、一四一頁。
（五七）K・テート、同書、一二〇～一三四頁。
（五八）K・テート、同書、一二四頁。
（五九）K・テート、同書、一二四～一二五頁。
（六〇）K・テート、同書、一二六頁。
（六一）K・テート、同書、一二七～一二八頁。
（六二）K・テート、同書、一二九頁。
（六三）D・ラッセル、前掲書、三二四頁。
（六四）A. Einstein, Remerkungen zu Bertrand Russell's Erkenntnistheorie. In : P. A. Schilpp, ed., The Philosophy of Bertrand Russell, Tudor Publishing Co., New York, 1944, p.290.
（六五）K・テート、前掲書、一一九頁。
（六六）P・ミルワード『イギリスの学校生活』安西徹雄訳、新潮社、一九七九年、三三一～三四頁。
（六七）P・ミルワード、同書、三三頁。
（六八）B. H. Bode, Russell's Educational Philosophy, In : P. A. Schilpp. ed., The Philosophy of Bertrand

Russell, Tudor Publishing Co., New York, 1944, p.633.

（六九）Ａ・Ｊ・トインビー『歴史の研究』（第一巻）長谷川松治訳、社会思想社、一九六七年、一五八頁。

（七〇）B. Russell, On Education, op. cit., p.92.

（七一）B. Russell, ibid., p.96.

（七二）B. Russell, ibid., p.97.

（七三）B. Russell, ibid., p.81.

（七四）Ｋ・テート、前掲書、一四〇〜一四一頁。

（七五）A. Wood, Russell's Philosophy, In: B. Russell, My Philosophical Development, Allen & Unwin, London, 1959, pp.269-270.

（七六）B. Russell, Portraits from Memory and Other Essays, op. cit., p.131.

（七七）B. Russell, Education and the Social Order, op. cit., p.100.

（七八）B. Russell, Principles of Social Reconstruction, op. cit., p.245.

（七九）K. Blackwell, The Spinozistic Ethics of Bertrand Russell, Allen & Unwin, London, 1985, p.129.

（八〇）B. Russell, On Education, op. cit., p.91.

（八一）Ｋ・テート、前掲書、一〇四頁。

（八二）B. P. Hendley, Dewey, Russell, Whitehead, Philosophers as Educator, op. cit., p.74.
（八三）R. S. Peters, Ethic and Education, op. cit., p.224.

# 結語

人間の教育は、その結果を予測することが困難な活動である。人間とは何か、その人間を教育する私とは何か、それが分からないまま教育が進められているからである。かつて、量子力学者のマックス・プランクは「科学は自然の究極的な神秘を解くことはできない。けだし、われわれが自然の一部であり、それゆえ、われわれが解こうとしている自然の一部であるからである。[一]」と語ったことがあったが、人間もまた自然の一部であり、そうである限り、人間も究極的な神秘であって、それは解くことができない存在である。もちろん、私は何であるかをも解くことはできない。自分さがしをしても自分が見つけられることはない。私の眼は私の眼を見ることができないように、私は私の対象になりえず、私が私を知ることなどありえないのである。

人間の教育の難しさは究極には以上のような現実に由来している。それゆえ、偉大な人格と称されるような人物も、わが子を含めて子どもの教育に卓越した成果を収めることはほとんどなかった。このことはラッセルにおいても例外ではない。理論哲学、社会哲学、そして政治における活動、教育の実践に生涯を献げたラッセルにおいても、こと教育の実践においては試行錯誤であった。子どもの教育に直面するとき、そこには理解を超えたものが現われるのであった。したがって、ラッセル教育の哲学及び実践において、両者の間に明晰な論理が整然としていて、統一を保たれていると見ることはできない。

但し、ラッセル教育の哲学と実践において目標とされていることは、明白かつ強固である。ラッセルは、自己中心的な世界を超えること、すなわち真実への自由を教育において実現しようとした。それは、人間社会の現実において、狂信、独断、偏見を排し、普遍的な共感、愛、平和を生むものであった。ラッセルの教育はすべてこのことに収斂する。したがって、ラッセルの教育は世俗的教育、国家や社会一般が求めている教育とは乖離するところがあった。しかし、そうであるからこそ、ラッセル教育の哲学及びその実践は、混迷する現代社会の教育において、何が真の目標であるかを示して止むことがない。それは闇の中に行方を示す燈火であり続けるのである。

注

（１）M. Planck, Where is Science going?, G. Allen & Unwin, London, 1933, p.217.

# 後記

本書『ラッセル教育の哲学と実践の探究』は、『ラッセル教育学研究序説』『ラッセル幼児教育学研究』に続くものである。最初の著書は、ラッセル教育学の総合的研究である。第二の著書は、幼児教育に焦点を置いた研究である。今回の著書は、ラッセルの教育の哲学的解明であると共に、それが学校教育において、いかに実践されたかを明らかにしたものである。この三著書を以て、ラッセル教育学の研究は一応完了したと私なりに思っている。もちろん、これは一応の完了であって、完成であるはずもない。余力があれば、ラッセルとヴィトゲンシュタインを対照しながら、論理学と教育学の関連をも探究したいと思っている。

なお、今回の出版においては、私が所属する筑紫女学園大学をはじめ、梓書院の代表取締役・田村志朗氏、取締役部長・前田司氏、編集・高取里衣氏には、ひとかたならぬ支援と援助を賜ることになりました。ここに深くお礼を申し上げます。

令和六（二〇二四）年 六月 二二日

ボード　Bode, B. H.　15,29,180
ホイジンガ　Huizinga, J.　129
ボイテンディク　Buytendijk, F. J. J.　110,118
ボク　Bok, S.　134,160
ホッブズ　Hobbes, T.　90
ホメロス　Homeros　87
ホワイトヘッド　Whitehead, A. N.　2,19,31,53,66,76,80,127

マ　行
マクミラン　McMillan, M.　128,152,158,161
マルセル　Marcel, G.　2
ミズン　Mithen, S.　48
宮崎駿　136
ミル　Mill, J. S.　2,30,48,76,77,91,92
ミルワード　Milward, P.　179,180
ムーア　Moore, G. E.　2,30,48
メルロ＝ポンティ　Merleau-Ponty, M.　65
モレンハウアー　Mollenhauer, K.　35
モンテッソーリ　Montessori, M.　128,129,137,138,139,140,152,157,158,159,160,161,178

ヤ　行
ヤスパース　Jaspers, K.　2,130

ラ　行
ライプニッツ　Leibniz, G. W.　12,15,16,17,18,19,20,33,54,55,79,80,98,126,127,153
ランゲフェルド　Langeveld, M. J.　33,54,79,109,126,127,130,140,153,159
リット　Litt, T.　99
リンデマン　Lindemann, E. C.　4
ルイス　Lewis, J.　5,15,16,56
ルソー　Rousseau, J-J.　85,107,128,138,152,154
ルブール　Reboul, O.　139,155

ワ　行
ワトソン　Watson, J.　152

タ　行
ダーウィン　Darwin, Ch.　79
ダランベール　d'Alembert, J.　32
テート　Tait, K.　18,83,85,87,88,94,95,96,97,152,164,165,167,168,172,174,175,176,177,178,179,182,185
ディドロ　Diderot, D.　32
デカルト　Descartes, R.　13,20,34,54,55,59,80,84,97,98,127,153
デューイ　Dewey, J.　16,19,152
ドーラ　Dora, R.　152,161,162,174,185
ドルバック　d'Holbach, P.　32

ナ　行
ニーチェ　Nietzsche, F.　16,105,110,118
ニール　Neil. A. S.　139,140,152,159,160,170,171,178,179,187

ハ　行
バークリー　Berkeley, G.　30,48,78,124
バーリン　Berlin, I.　92,93,166
パーク　Park, J.　17,19,36
ハイデガー　Heidegger, M.　2,130
パルメニデス　Parmenides　26
ピーターズ　Peters, R. S.　86,92,142,155,164,186
ピアジェ　Piajet, J.　129,152
ピコ　pico. G. della Mirandola　14
ピタゴラス　Pythagoras　28,120
ヒューム　Hume, D.　4,12,13,30,48,49,50,78,124,125,159,160
ブーバー　Buber, M.　97
フィンク　Fink, E.　129
フッサール　Husserl, E.　130
仏陀　28,61,119
ブラックウェル　Blackwell, K.　22,27,56,63,185
プラトン　Platon　2,3,6,184
プランク　Planck, M.　194
フリットナー　Flitner, A.　129
フレーベル　Fröbel, F.　129,138,139,152,158,164
フロイト　Freud, S.　129,132,152
プロタゴラス　Protagoras　13,14
ヘーゲル　Hegel, G. W.　2,91,114
ペスタロッチ　Pestalozzi, J. H.　138,152
ベルクソン　Bergson, H,　65
ベンサム　Bentham, J.　2
ヘンドリー　Hendley, B. P.　185

# 索引（人名）

ア　行

アーノルド　Arnold, T.　107,128,152,154,160,169
アインシュタイン　Einstein, A.　3,5,24,25,28,29,53,55,56,74,80,81,179
アドラー　Adler, A.　152
アリストテレス　Aristoteles　2
アンリオ　Henriot, J.　129
市村弘正　135
井筒俊彦　23,78
ヴァン・デン・ベルク　van den Berg, J. H.　130
ヴィトゲンシュタイン　Wittgenstein, L.　2,4,23,30,48,61,77,82,196
ヴォルテール　Voltaire　32
ウッド　Wood, A.　3,4,36,120,156,184
エイヤー　Ayer, A. J.　4,30,48
エルヴェシウス　Helvétius, C.　32

カ　行

カイヨワ　Caillois, R.　129
ガリレオ　Galileo, G.　28,120
カルナップ　Carnap, R.　30,48
カント　Kant, I.　4
キリスト　Cristo　28,120
グロース　Groos, K.　152
コンディヤック　Condillac, E.　32

サ　行

サルトル　Sartre, J-P.　2,5,65
サンタヤーナ　Santayana, G.　2
スタンディング　Standing, E. M.　138
スピノザ　Spinoza, B. de　2,19,20,21,22,23,24,25,26,27,28,29,32,34,50,51,53,54,55,56,58,59,61,62,80,81,82,98,99,128
スミス　Smith, A.　34,59,60,61,124,125
シェーラー　Scheler, M.　22,48,49,54,82
ジャガー　Jager, R.　29,63
シュテルン　Sterun,W.　152
ショイエルル　Scheuerl, H.　129
ソクラテス　Sokrates　2

**中野　桂子**（なかの けいこ）

博士（教育学）
筑紫女学園大学

著書
『ラッセル教育学研究序説』中川書店
『ラッセル幼児教育学研究』中川書店
『病弱・障害児の心理・生理・病理学的研究』中川書店
『知的障害児の心理・生理・病理学的研究』中川書店
『肢体不自由児の心理・生理・病理学的研究』中川書店
『視覚・聴覚障害児の心理・生理・病理学的研究』中川書店
『視覚・聴覚障害児の人間学的探究』中川書店
『知的障害児の人間学的探究』中川書店

主要論文
「ラッセル教育哲学における『普遍的共感』の形成」（教育哲学会「教育哲学研究」）
「幼児の安心感」（日本家庭教育学会「家庭教育研究」）
「記憶障害」（日本医学哲学・倫理学会「医学哲学　医学倫理」）
「触覚の発見」（日本医学哲学・倫理学会「医学哲学　医学倫理」）
「脳性麻痺のある子どもの受容」（九州医学哲学・倫理学会「人間と医療」）
「自我と脳」（九州医学哲学・倫理学会「人間と医療」）ほか

ラッセル教育《きょういく》の哲学《てつがく》と実践《じっせん》の探究《たんきゅう》

2024年9月30日　　初版発行

著　者　　中野 桂子
発行者　　田村 志朗
発行所　　株式会社梓書院
〒812-0044　福岡市博多区千代3-2-1　麻生ハウス
電話 092-643-7075/FAX 092-643-7095

印刷・製本／亜細亜印刷株式会社

ISBN978-4-87035-813-3